子どもは地域のなかで自ら生い立つ

鹿児島の子どもハンドブック

民間版子ども基本計画

鹿児島の子どもハンドブック編集委員会 編

南方新社

刊行に寄せて

鹿児島メンタルサポート研究所所長・鹿児島大学名誉教授　清原　浩

本書のサブタイトルに掲げられている「子ども基本計画」という文書は、各県・各市町村の多くで作成されています。名称はまちまちで「こども総合計画」という総合的なものから「子どもを虐待から守る基本計画」あるいは「読書活動推進計画」など課題別のものもあります。いずれにしても、政策の説明という文書の性格上、政策項目が羅列され、簡単な説明が記されているだけです。その項目に該当する人以外は、その項目の背景を深く、実感を持って感じ取ることはできません。「そうだね」とうなずくことが関の山かも知れない。

ところが、本書を読むことで、その一つひとつの項目は、それなりの歴史的経過と苦労とねばり強い努力の成果だということに感動させられます。

たとえば、第二章で書かれている「子ども食堂」。現在は県や市町村の計画で、「子どもの居場所づくり支援事業」の一環として位置づけられ、助成金も支出されています。しかし、行政的な支援を引き出すまでに、多くの人たちの共感を得るための、深い思想的な闘いも必要であったことが分かります。たとえば、困っている子どもへの支援が本当に必要なのかという一般の人からの疑問に答えるところから始まります。人々に「親を楽させているだけでは」という気持ちがあると、支援する気にはなれないでしょう。それに対して、支援の理由は何であれ、子どもは地域の中で育つ、その地域でいざというときに支援の手がさしのべられる、そのような温かい地域の中で育った子どもたちは大人になったときに、きっと困った人を支援するだろうといった信念が子ども食堂活動を支えていることが分かれば、子ども食堂活動を支援する気にもなれるでしょう。つまり、新しい地域の創造への参加ともいえるのです。

第一章では各市町村で取り組まれている「学習支援教室」の活動が報告されています。この取り組みも、先に述べた「子どもの居場所づくり支援事業」の一環であり、政策の中に位置づくものです。しかし、この報告を読むことで、生活・学習に困難を抱える子どもたちの実際が具体的に分かってきます。まず、「学習支援教室」というと、受験指導の学習塾とまちがうのではないでしょうか。ところが、受験対策や学力不足の支援ではなく、深く広い学力形成支援をめざしているようです。たとえばＯＰＳＡと名づけられた高校生を対象にしたフリースペース。そこは学習支援だけではなく、「トータルで自立できる仕組み」をめざしているといいます。五つのねらいがあるとされていますが、その中に家やアルバイト先以外の居場所、就労・相談・免許取得の支援の場、在学期間中を有意義に過ごせる場となることが唱われています。ちょっと大げさに言えば、新しい学力観を模索しているようにも思えました。

第七章では青年団活動の新しい意味づけが提案されています。まず、鹿児島県の青年団の数がわずかではありますが増えつつあることを知って驚かされます。若者の県外流出という私たちの固定観念からすると、青年団はほとんど消滅かと思い込んでいたからです。また、青年団が地域の行事の担い手として期待されるだけで、自らのあり方を考えるゆとりもないと想像していましたが、この報告を読むと、鹿児島県の年中行事や自然を取り上げた本を読み、その上で、実際に調査に出かけるという活動を通して、暮らし、歴史、自然の再発見をしていると書かれています。青年の育成という政策項目を超えた認識を持つことができました。

第六章では水俣病学習、つまり公害学習を通して、被害者が差別を受けてきたという実態は、一見別の課題と思われるいじめ問題、各種ハラスメントに共通しているという指摘は意外であるとともに、共感させられました。

第三章の「子ども劇場」の報告では、子どもたちが「民主的に話し合うことが難しくなっている」、すぐ「多数決」で決めようとするという指摘、赤ちゃんからの芸術鑑賞の勧め、また、第五章の麦の芽福祉会の地域構想ではインクルーシブな社会つまり「人々の差異と多様性、お互いの尊厳の尊重を基本に、平等に権利が保障され、誰でもが共同・連帯しながら、各人が自分らしさを発揮して活躍できる社会」の提唱、そして序章においての鹿児島の「立身出世」志向の起源の説明など、それぞれ驚きをもって読み、かつ大事なことと思いました。

「子ども基本計画」という枠では収まらない取り組みが第四章「自然学校」です。何らかの事情で、通常の公立小中学校に行かない子どもたちを受けとめて、学校の名前通り、自然の中で自由闊達に、子ども本来の生きる力で、あるいは生きる力を生かして、成長・発達を支援しようとする取り組みです。鹿児島に、こうした学校（制度的にはＮＰＯが設立している）があることは驚きですし、貴重なことと思いました。

なお、本書を通覧して、次のような考えが浮かびました。それは自立概念にかかわることです。私たちがすぐ思い出すのは、「大人になったんだから、働きなさい」といった義務としての自立のように思います。そのイメージが自立支援ということばにつながりがちです。しかし、本書でも書かれていたように、さまざまな子どもがいて、色々な大人もいます。とすると、色々な生き方があります。その色々な生き方を保障すること、つまり「生き方支援」という広い概念がこれからは必要ではないか、と思われました。

本書は行政の文書のように、子どもの課題を全部網羅しているわけではないのですが、紹介されているそれぞれの項目において、私たちが知ることのない現実の世界が紹介され、私たちの通り一遍の、概念的な知識が深いものになったように感じました。

〈目次〉

序章　状況認識

いま、市民の活動に期待されること

鹿児島子ども研究センター　大平政徳

鹿児島大学　前田晶子

子どもの育ちにとって、どのような環境が必要でしょうか。また、幸せな子ども期とはどのようなものでしょうか。――そのイメージは時代によって変化し、また地域によっても違うのかもしれません。しかし、共通しているのは、次世代を育てる営みは社会的なものであり、個人や家族のみに責任を負わせる問題ではないということです。現在、貧困や虐待、引きこもりなど、社会問題が子どもに集約して現れています。これらに長期的に取り組んでいくためには、子どもの育ちについての共通認識を形成することが喫緊の課題であると思います。

本書は、鹿児島で暮らしている子どもの日常生活を知り、その良さや課題をつかむために「子どもハンドブック」として編集したものです。各章は、鹿児島で取り組まれている子ども・青年の育ちを支えるさまざまな活動について取り上げています。本書が「鹿児島」に焦点を当てるのは、グローバル化の進行が子育ての分断と孤立を促しているのではないかと考えているからです。今こそローカルに根ざした活動―

—行政だけではなく、とりわけ市民による取り組みが重要ではないかと思います。

各章の取り組みは、内容も歴史も多様ですが、鹿児島の良さを活かし、また鹿児島の抱える課題と向き合い、そして子どもの育ちの未来像を探究しているものです。私たちは、二〇一八年に地域民主教育全国交流研究会で出会い、鹿児島市で全国大会を開催しました。それまで、お互いの存在を知ってはいても、実践の交流をしたのは初めてでした。個人や一団体として活動してきたことが、実は希望や悩みを共有していたことが分かりました。また、大会では予想を超えて学校の先生から多くの賛同を得ました。このような経緯から、個別の活動をつなぎ、学校と地域をつないで学び合えるテキストを作ろうと本書が生まれました。そして、鹿児島の地から「民間版子ども基本計画」として発信することとなったのです。

序章では、鹿児島の戦後史のさまざまな情景を通して、子どもを取り巻く環境の変化と、その地域的な課題について考えていきたいと思います。

一、一九五〇年代の鹿児島—子どもと青年の情景—

(一) 戦後の出発

最初に、鹿児島市立伊敷中学校の一九五二年の資料を紐解いてみましょう。この中学校は、この年に鹿児島大学教育学部の代用附属中学校となり、以後「モデル校」と称されることもある学校ですが、この資料には、当時、農家の労働力であった子どもの生活や、家計に余裕のない家庭の様子が綴られています。

> 多くの生徒は家業に専心する構成人員の一人であり、貴重な労働資源の一員でもある。自然の現象に極めて敏感に反応する農業にとって、寸時を惜しむことは当然である。農繁期になると生徒の早退や欠席が目立ってくる。…［また］日雇労務者で、経済的余裕がなく生活補助を受けているものが多い。したがって、教科書やノート等も充分に購入できず、学習に大切な辞典や参考書など不足し、宅習の方法にも行きづまりを感じている。（鹿児島大学教育学部代用附属伊敷中学校「自発学習指導のあゆみ　昭和二七年度」一九五二年、九―一〇頁）

この記述からは、閑静な住宅街となった現在の伊敷地域とは随分異なる様子がうかがえます。当時の鹿児島県では、有業者の七五％が農業従事者であり、市部でも半数に上っていました（図1）。子どもは家業を手伝いながら成長していたことがうかがえます。この報告書が書かれたのはちょうどサンフランシスコ講和条約発効の年であり、「戦後」という言葉がリアリティを持つようになる時期でもありました。伊敷中の教師たちは、生徒の中にある自発性の芽を大切にし、「このささやかなしかしながら尊い芽生えに教師として愛情を惜しみ

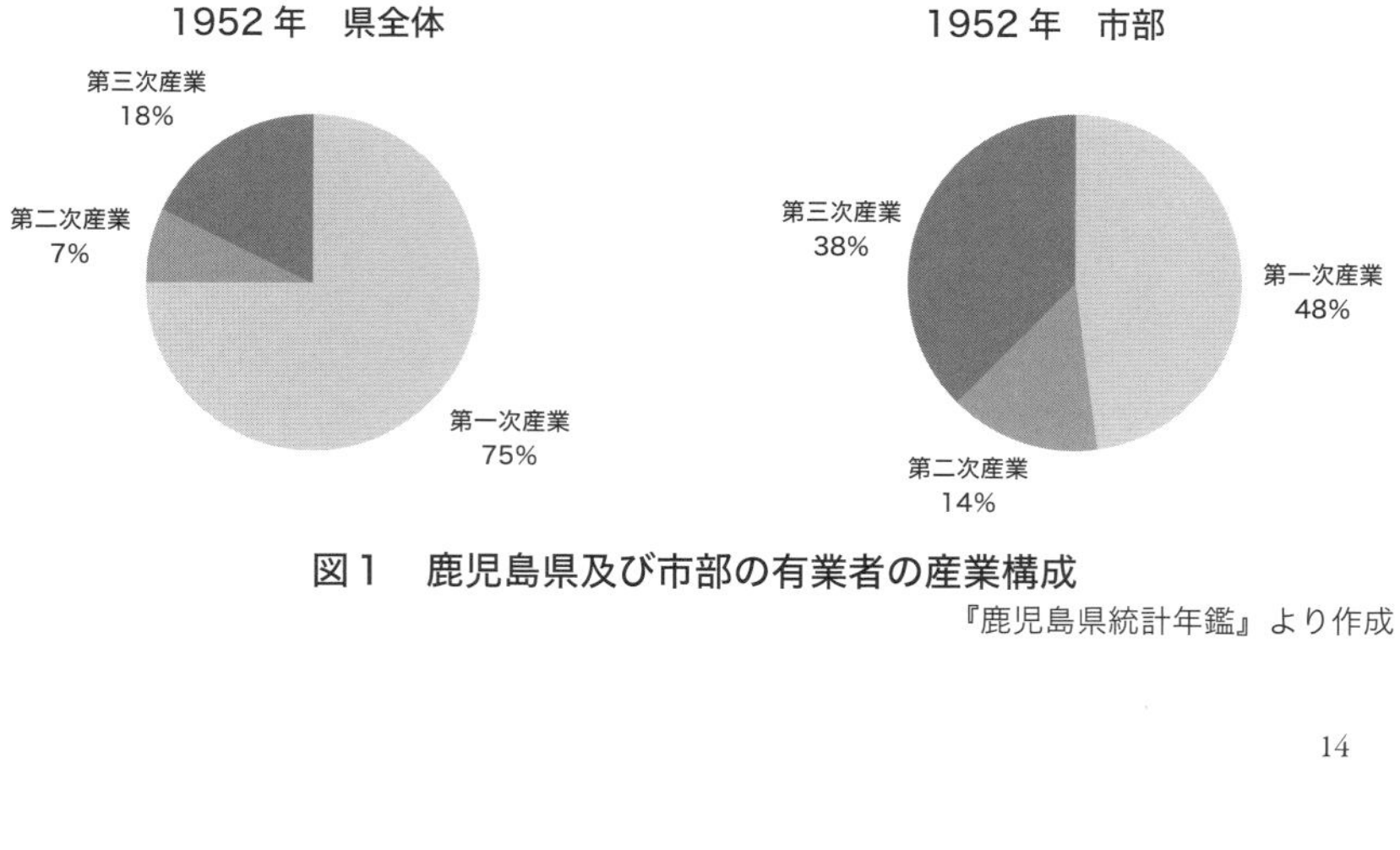

図1　鹿児島県及び市部の有業者の産業構成

『鹿児島県統計年鑑』より作成

なくそそいで、これを大樹にまで育てあげたい」（五頁）と述べています。

（二）人を育てる地域の「豊かさ」

筆者（大平）は、一九五〇年、伊敷中校区の下伊敷町日当平で誕生しました。高校まで鹿児島で生活し、県外での予備校・大学時代を経て、一九七三年から二〇一〇年まで県立高校の社会科教師として県内各地を異動してきました。

私自身の小学校時代の体験から考えて、一九五〇年代後半の鹿児島は現在からふり返ると「古きよき時代」と特色づけることができるように思います。もちろん、「経済的な貧しさ」と「封建的（共同体的）な規制」という現実は存在しています。しかし、それ以上に子育てや教育の問題を考える上では、自然的・社会的なつながりが豊かに存在していたといえます。豊かな自然に囲まれ、そこでの遊びや伝統文化・伝統行事が、「地域の豊かさ」をつくりだし、それが豊かな人間形成を促していたと思います。

未だ受験競争の圧力はなく、一部の子どもがオルガンや書道・珠算を習うぐらいで、ほとんどの子どもたちは放課後や土日は遊びに夢中で、それこそ日が暮れるまで遊んでいた時代でした。山野をめぐり、射的場の丘[1]で遊び、木登りやターザンごっこ、秘密基地づくり、さらには防空壕探検などしていました。高学年になると野球が流行るなか、野原で球が見えなくなるまで「三角ベース」で遊びました。新品のグローブを持つことがその頃の夢で、ユニホームを着るなど考えられませんでした。隣の集落のチームや、「若葉寮」[2]という施設のチームと試合をしたりしていました。夏になれば、海水浴場に行ったり、近くの甲突川の上流で水浴び[3]をしたり、魚釣りをしたりしていました。家の近くの山崎川では、ミミズを突き刺した針を穴に入れ、ウナギ釣りをしていました。かかったウナギと引っ張り合いをして負けたこともあります。また家の近くを流れる小川には、カニが石の下に隠れていたり、シジミが採れたりしていました。夏には蛍が乱舞する景色がそこにはありました。

正月七日は「七草」のお祝いです。鹿児島では、「七草がゆ」を七軒の家からもらう風習[4]が現在も続いています。私の頃は農協の講堂に七歳になった子どもが集められ、そこでお祝いの会が開かれたことを記憶しています。現在でも町内会・あいご会主催で七草祝いをしています。そこには、「子どもは社会のもの」、みんなで子育てをしていこうという意識を垣間見ることができます。

七月には地域のそれぞれの神社で行われる「六月灯」や八坂神社から照国神社までねり歩く「おぎおんさぁ(祇園祭)」などの行事があります。「十五夜」には、家の縁側に箕《み》を置き、そこにススキやいが栗の枝を活け、一升枡には里芋の大きな親芋や果物を入れ、米粉の団子をつくってお月様に供えていました。集落では自分たちで綯《な》った綱での綱引きや相撲大会などが行われていました。当時は青年団活動が盛んで、演劇などの文化的活動もよく行われていました。また、お祝い事には、飼っている鶏をつぶして料理をふるまったり、葬式の時には隣近所で手伝いをしたりする風習を見て育ちました。[5] 小学校での運動会・学芸会なども保護者や地域の人々が大勢詰めかけていました。これらは、子育てを取り巻く大きな社会的つながりが存在していたことを示しています。

豊かな自然とそこに培われた伝統文化・行事による社会的なつながりが「地域の豊かさ」をつくりだし、それが子育て・教育にとって必要な人間形成の諸要素を提供していたように思えます。

さらに付け加えるなら、一九五〇～六〇年代は、戦争の傷跡が未だあちこちに見られました。傷痍軍人が街角でアコーディオンを弾きながらお金を恵んでもらっていたことを思い出します。二度と戦争をしてはいけないという反省から、小・中学校の教師たちの多くは戦後民主主義の精神を子どもたちに伝えたいという強い意識があったように、今感じています。

二、「鹿児島の子ども」の地理的・歴史的諸相

戦後の鹿児島の情景は、その後、七〇年の間にさまざまな変化を見せてきました。ただし、一般的にいわれるような核家族化、地域社会の崩壊、過疎化といった言葉で片づけられない地域固有の課題があります。鹿児島は、近世には海洋航路を発達させて南方の交流圏を広げてきましたが、近代国家の成立とともに「本州の最南端」という位置づけに変わりました。そのことが、経済・社会・文化に影響し、鹿児島の県民性に少なからず影響してきたのではないかと思われます。

そこで、以下では、鹿児島特有の具体的な地域課題を取り上げ、戦後の地域と教育の関係について考えていきたいと思います。

(一) 経済的貧しさが、どのような県民性をつくりだしたのか

幕末時代には日本一の工場群が存在した鹿児島は、西南戦争における西郷軍の敗北後、中央政府による統制を受け入れ、経済的発展の道を失っていきます。農業を中心とする経済構造は、近代化(=工業化)が進展する中で取り残され、「貧しさ」を作り出していくことになります。

もともと薩摩藩は他藩と比較して武士が多く、百姓に対する収奪も「八公二民」といわれ、百姓一揆も起こせない統制の中にありました。島津斉彬が集成館事業で工業化を進展させたのも、奄美の黒糖収奪や琉球での密貿易で獲得した富があったからです。その富を使って、武士たちが工業化を進展させ幕末には日本一の工場群を作り上げました。それは、決して、百姓や町人たちが富を形成し自生的に経済を発達させるということではなかったのです。また、西南戦争後、明治政府は、鹿児島が再び「反乱」を起こさないように、鹿児島の経済発展を進めることには極めて慎重になっていきました。本来的にシラス台地の上に暮らす貧しい農業県であるだけに、近代以降経済的に遅れた県になっていったのです。

この「経済的貧しさ」はどのような人間像を鹿児島県民につくりだしていったのでしょうか。一言で言えば「立身出世」型の人間像です。都会に出て、官僚や企業人となり、経済的貧しさから脱却するという考えを植え付けていったように思います。その考えの中心に位置づけられるのは、明治維新はわが薩摩藩が主導したもの、そして薩摩出身者の多くが中央に出て高給をとり、「豊か」になった例にならうということでしょう。こうして、中央とつながることで、「豊かさ」を獲得するという構図ができあがっていったように思います。しかし、その豊かさは個人的・経済的なものであり、鹿児島という地域全体が文化も含めて豊かになることではなかったのです。まさに、兵庫の教師・東井義雄が戦後の高度経済成長期の最中に警告した「村を捨てる学力」といえるでしょう。

現在においても、地方自治体の各種選挙で、「中央とつながることで地域振興の予算を獲得する」と主張する候補者がいます。「地方自治を進めて、地域の産業を育て豊かな地域をつくろう」と主張する候補者もいますが、多くは中央直結を主張する候補者に敗れるのが実態です。

（二）「教育県鹿児島」の実態

鹿児島県は長く「教育県」と呼ばれていました。親が苦労してでも、子どもに勉強させたいと考える人が多いという意味においてです。そこには、子どもが勉強して高学歴を獲得し、都会に出て「立身出世」してほしいという親の願いがあります。そのためには親はどんな苦労もいとわないということです。それが「教育熱心な県」としてのイメージをつくりだしたのです。

同時に、鹿児島は新規学卒の雇用を確保する大企業・大工場が少ないことから、中学校・高校を卒業したら他県に出て行かざるを得ないという事情もあります。「人材供給県」としての位置づけです。高校生の県外と県内の就職率の推移を見てみると、県外就職は六〇年代の高度経済成長とともに上昇し石油危機の前後には七〇～七五％程度までになります。ピークは一九七一年の七六・一％です。しかし一九七五年頃から減少しはじめて、一九八〇年代は五五～六〇％前後で推移し、一九九〇年代になるとさらに減少を続け、ついに一九九〇年代前半で逆転します。現在は県外就職より県内就職が多いのです。高校生や親の意識が大きく様変わりしているとも考えられます（数値は「学校基本調査」による）。

親の教育熱心と人材供給、この二つが相俟って、「教育県鹿児島」といわれてきたことをみてきました。財政面を見ても、戦後から一九七〇年代の中葉までは、教育費の支出割合が高く、教育を重視していたことが分かります。しかし、その後、七〇年代の後半以降次第に教育費の支出割合は減少していきます[(6)]。また、一九六〇年代後半から教育長は文部省官僚を経た人物が三代続き、若い文部官僚が鹿児島県教委に出向しています。こうして特に八〇年代以降は、中央直結型の画一的教育行政[(7)]が定着し、「教育県鹿児島」

は死語になっていったように思えます。

(三) 離島の戦後教育史

さて、鹿児島では「南北六〇〇キロの教育」という言い方をします。本州から離島群にまで広がる鹿児島県では、約四割の学校がへき地指定を受けています。中でも、奄美群島は、すでに一九七〇年代には島内の全ての小中学校が三級以上のへき地指定校となっており、複式学級も多く存在してきました(8)。

離島の戦後史は、米軍による占領から出発します。一九四六年一月末に離島群は本土と分離され、米国軍政府のもとで学校教育もままならない状況が続きました。離島の返還は一括して行われたわけではなく、竹島、黒島、硫黄島(現在の三島村)は当初から鹿児島県の管轄とされましたが、北緯二九度以北の十島村七島は一九五二年、奄美群島は一九五三年まで待たなくてはなりませんでした。一九七二年の沖縄返還を含めると、政治的判断の下での段階的な返還が離島群にさまざまな偏差をもたらしたことが予想されます。

この中で、奄美群島では、学校が復帰運動の拠点になったことが知られています。小中学生は復帰を願う作文を書いて鹿児島県に送り、また大島高校では「奄美大島高校生代表派遣団」を結成して鹿児島県下の高校を巡回して交流を行うなどの活動をしました。その背景には、占領下での苦しい生活があり、当時数万人の若者が沖縄の米軍基地で働くために島を離れたといわれています。

中でも、教育の状況は深刻なもので、教育基本法が適用されない中で義務教育の保障も危うい状況にありました。教師の困窮状態は、次の文章からも分かります。

当時教師たちは、たいてい出身地の学校に勤務していた。教職の傍ら農業をしないと生活できなかったからである。朝三時に起きてトーフを作りそれから学校へ行き、夕方五時に帰ってから葉タバコ刻みをして生活費に充てた教師。教師を辞めて浦上と名瀬の間で馬車引きをして子供を養った人がいた。（薗博明（金久中学校）「奄美における日本復帰運動の一断面」一九九三年、四頁）

教師だけではありません。約九割が焼失したといわれる名瀬市では、教室が不足していました。職員室と六年生の教室以外は、少し離れた高千穂神社の周囲の空き地を利用して、いわゆる「テント授業」が行われていたといいます（名瀬小学校「学校沿革史」一九四五年）。

復帰後は、奄美群島振興開発特別措置法（一九五三年制定、特定地域特例法の一つで五年ごとの更新）などにより教育施設等の整備が進められました。ただ、このような戦後復興の特別措置が住民自治や基幹産業を支えるように機能してこなかったのではないかという指摘や、奄美の経済社会システムが近代化されていないなかで資本のみが一方的に投入されているという批判もかねてから行われています[9]。

ちなみに、奄美の置かれた従属性は、近世から続く琉球・薩摩の支配の歴史に遡ります。加計呂麻島芝集落の出身で、復帰運動を支えたロシア文学者の昇曙夢（一八七八―一九五八）は、『大奄美史』（一九四九年、奄美社）の中で、次のように述べています。

琉属時代にはその一属島としてそれ自身の文化を持つことなく、僅に琉球文化の落ちこぼれを頂戴したに止まり、その上薩藩時代には人間としての一切の自由を奪はれ、搾取政策の犠牲となつて、朝夕生活苦に喘ぎながら、更に文化の事を思ふ余裕さへ与へられなかつたが、その代り過去の文化生活に費消せらるべき筈の民族的の力は、毫も消耗されずにその儘潜在力となつて、長い間心の奥深く蓄積せられ、持ちこたへさせられて明治に至つたのである。(10)

先に述べた鹿児島の中央志向や立身出世主義は、同時に、このような離島の従属的位置を戦後も強めてきたといえます。しかし、中央志向は「支配―従属」の枠組みを全体として強化することになります。つまり、奄美がなぜ「自ら進んで従属し、万事その影響下に甘んじてきたのか」(昇、二二一頁)という昇の自問した問題は、そのまま鹿児島にも当てはまることになるのです。だからこそ、鹿児島の市民活動について考える時、離島の歴史にこそ学ぶことが不可欠だといえるのです。

(四)「貧しさ」の克服―国策への追随―

一九六〇年代の高度経済成長を通して、鹿児島は「過疎県」となっていきます。資本主義経済の発展は地域の隅々まで浸透し、次第に田舎も社会的なつながりが希薄になっていきます。子どもたちの間にも都会と同じような非行問題が生じ、九〇年代になると不登校、いじめ・自殺などの問題も起こってきます。

この一連の動きの中で、過疎化をどのように克服し、「豊かさ」を取り戻すか。七〇年代以降は、それが鹿児島の主要課題になっていきます。

行政の側は、「過疎」からの脱却を、経済活動の活性化・企業誘致の方向で考えます。一九七二年に田中角栄は『日本列島改造論』を提起し、全国各地を活性化させようとしますが、その背景には、新幹線、高速道路等のネットワークを整備し、大規模プロジェクトを推進することにより、国土利用の偏在を是正し、過密過疎、地域格差を解消することを目標とした一九六九年の「新全国総合開発計画」がありました。鹿児島県はそれを受けて、一九七一年に志布志湾を埋め立て、石油精製・石油化学・機械・造船・食品コンビナートを誘致する「新大隅開発計画第一次試案」を策定します。しかし、地域住民の反対運動により翌年には事実上の廃案になり、その後も「第二次案」(七六年)「第三次案」(八〇年)が出されましたが、最終的には「国家石油備蓄基地」(一九八九年着工:一九九三年完成)という形で決着します。[11]

鹿児島県ではすでに一九六九年に「日本石油基地株式会社喜入基地」が建設されており、一九七三年の石油危機以降は、各地で石油基地建設計画が推進されていきました。一九七三年には宇検村枝手久島、一九七六年には瀬戸内町伊須湾などに計画されますが、いずれも住民の反対運動により頓挫しています。その後、一九九四年に串木野国家石油備蓄基地が完成しています。

企業の誘致で経済を活性化させる論理は、九州電力の川内原子力発電所においても同じです。川内原発のスタートは、一九六四年の通産省による立地予備調査地の指定にあります。これを受けて、川内市議会は全会一致で原発誘致を決議しました。原子力の平和利用が叫ばれ、その危険性が未だそれほど指摘されない時代、多くの資金が投入されることで市の財政危機が解決され川内市が豊かになると考え、行政が主導する形で川内原発は誘致されたのです。一九七〇年に九州電力は川内原発の着工を正式に申し入れますが、その後の反対運動の進展により、実際の着工は一九七九年、一号機の営業運転は一九八四年と大きくずれ込むことになります。[12]

なお原発関連でいえば、使用済み核燃料いわゆる「核のゴミ」の再処理工場の問題があります。現在、青森県の六ヶ所村に再処理工場が建設されましたが、その再処理工場の建設計画は、先に徳之島で立ち上がったことはあまり知られていません。この計画は一九七五年に作成され、調査報告書は通称「MA‐T計画」と呼ばれました。当初、徳之島では反対運動が起こらなかったのですが、枝手久島での石油基地計画に反対した人々がその危険性を知らせる中で、急速に反対運動が激しくなっていきます。一九七六年暮れには徳之島の三つの町議会が「再処理工場立地絶対反対」の決議を挙げ、一九七七年には鹿児島県も反対の意見表明を行いました。それでも水面下では建設計画が進められようとしましたが、最終的には中止に追い込むことができたのです[13]。

(五) 国防政策の「最前線」という地理的特性

国策遂行という点では、経済的観点とともに軍事的観点でもみておく必要があります。鹿児島県は、アジア・太平洋戦争の末期に知覧や鹿屋、出水をはじめとした特攻基地が置かれたことで知られています。同時に、沖縄が「本土防衛の捨て石」になる中で、次の攻撃地点は鹿児島に向けられるのは必至でした。アメリカは「オリンピック作戦」と名付けていますが、日本が降伏しなければ一九四五年の秋に志布志湾と吹上浜から鹿児島本土に上陸する作戦を立てていました。日本軍もそれを察知していて、「本土決戦」に備えてトーチカ[14]・地下壕・通信施設など多くの施設がつくられています。このように、本土防衛の観点から、鹿児島本土及び南西諸島は地政学的に重要な地域となります。これは、現在も同じです。

現在、鹿児島県内にある自衛隊基地には、陸上自衛隊の川内駐屯地・国分駐屯地、海上自衛隊の鹿屋航空基地があります。南西諸島には、航空自衛隊の奄美大島分屯基地・沖永良部島分屯基地、海上自衛隊の奄美基地分遣隊が配備されています。二〇一九年に奄美駐屯地・瀬戸内駐屯地がおかれたことで、沖縄・宮古島・石垣島・与那国島を結び、中国の軍事的脅威に対抗するラインを形成しようとしていることが鮮明になってきました。さらに、鹿屋基地での米軍の空中給油機の訓練、種子島での米軍との合同演習の実施、馬毛島を米空母艦載機離着陸訓練（ＦＣＬＰ）の移転候補地にするなど、米軍との一体化が進んでいることも注視しなければなりません。

経済的・軍事的に国策の拠点を提供することで、中央の資金を獲得して貧しさから脱却しようとしてきた鹿児島の戦後史を見てきました。しかしながら、そこには多くの問題があり、豊かな自然を破壊して県民の命とこれまでの生活を犠牲にするというリスクを負わせるものです。そのため、先述のように、住民による反対運動が起こり、開発計画を中止に追い込んできた例もあるのです。

（六）住民運動に学び、「地域」の意味を問う

新大隅開発では、地元住民の「スモッグの下でビフテキを食うより、青空の下でおにぎりを食べたい」という訴えが印象的です。この運動は、一九六〇年代末からの全国的な公害反対運動とつながる形で住民運動が継続されていき、勝利するためには住民自らが学習して「事実」を知ることが大事だという学習運動として提起されたことが重要です[15]。行政の主導する開発に対して、地域に生きる住民自身がどのような地域づくりのプランを持つのかという、まさに現代につながる課題が提起されていたように思えます。

新大隅開発計画、川内原発誘致、そして近年の奄美の自衛隊誘致や馬毛島問題を貫いているのは、国策

に協力する形で地域の経済繁栄を図ろうとする姿です。しかし、それは従属による繁栄という意味で、「ささやかな」豊かさであるといえるでしょう。そこには、地元住民の主権者としての地域再生論、さらにいえば「村を育てる学力」（東井義雄）が欠如しているのではないかと思います。これまで地域を切り崩した開発のつけが、子どもが育つ土台を破壊し尽くそうとしている現在、地域住民自身による地域再生の道を考えるときにきているのではないでしょうか。

筆者（大平）の所属している歴史教育者協議会では「地域に根ざす教育」を主張しています。「地域」とは、自分たちの生活を営んでいる場であり、経済的活動を主軸にしながら、政治的・社会的・文化的なつながりが存在する場です。そこには過去・現在そして未来を通じて、さまざまな利害対立と協同が錯綜しています。そのような地域の過去を学び、現在の地域の課題を具体的に学ぶことで地域を担う主権者を育成しようとしているのです。

これまで述べてきたように、鹿児島という地域は、経済的貧しさゆえに、中央とつながることで「貧困」からの脱却を志向してきました。それは「立身出世型」の県民性を育て、「教育県鹿児島」も中央への人材供給の立場からのものでした。結果的には企業誘致・原発誘致そして自衛隊の配備まで国策に追随してきたのです。特に、原発・自衛隊基地建設のもたらす資金は過疎県鹿児島にとっては「魅力的」に見えます。もちろん地域開発・原発・自衛隊などの誘致には反対運動も存在し、鹿児島らしさを生かした自立的な地域づくりも主張されてはいます。しかし、二〇〇〇年代以降は「市場原理」を振りかざして利潤獲得競争に邁進する新自由主義の国家政策にすみずみまで呑み込まれているのが現状です。富は中央に吸い上げられ、トリクルダウン（富める者が富めば、貧しい者にも自然に富が浸透するという考え）は地方には及ばず、ますます貧困化・過疎化が進行しているのが実態です。先に述べたように、豊かな自然とそこに培われた伝統文化・行事が「地域の豊かさ」をつくりだし、それが子育て・教育にとって必要な人間形成の諸要素を提供していた状況は大きく壊されてきたのです。この現実を前に、地域をどのようにつくりあげていくのかが改めて問われています。それはコロナ禍の現状で、どのような社会経済システムが求められているのかということと同質の課題のように思えます。

国家の政策が私たちの生活を破壊する現状に対して、地域は何よりも人々が助け合う関係を創り出すことが必要です。本書第五章で取り上げている麦の芽の活動は大いに参考になると思います。障害を持つ人々が「自分の願い」を表現し人間らしく生きていきたいと思うとき、「障害を持つ人々」「その願いを現場で支える人々」「その活動を支える周囲の人々」という人々の助け合いとその社会的つながりの場ができてきます。この場こそが地域の核になるのではないでしょうか。そこでは、地域は、自らの生活を守りさらに成長発展させるための防波堤と位置づけることができます。そのような、個々人の願いをつなぐネットワークが重層的につながっていけば、そこに新しい関係性が誕生してきます。子ども劇場や子ども食堂、学習支援・生活支援活動など、そのような核がすでに存在しています。

さらに、生活協同組合などの消費生活協同組合や農協・漁協などの生産協同組合が以前から存在しています。最近では、原発依存からの脱却を進めるために自然エネルギーを利用した小規模発電などが提起され、地域での持続可能な循環的環境の模索が始まっています。

これらの動きが広がれば、国策による生活破壊に対して地域を守ろうとする活動だけでなく、そこから一歩抜け出して、自分たちの願いを実現する場をつくりだしていけるでしょう。そこには新しい地域像が誕生するように思います。そのような地域を創る活動を通して、私たち一人ひとりが主権者として成長していくのだと思います。

三、福祉と教育の接点としての豊かな「生存」をめざして

(一) 喫緊の課題

近年、喫緊の課題としてみえてきたのは子どもの貧困問題です。それも、単なる格差問題ではなく、毎日の食事や医療などが十分に受けられず、「生存」そのものを脅かす問題である点で切実です。

貧困問題は、一九六六年以降、当時の厚生省が「低消費水準世帯」調査を中止したことで潜在化してきました。ところが、二〇〇九年に現在の厚生労働省が標準的な生活水準を基準とした「相対的貧困率」を公表したことで、その割合が一五・七％と高率であることや、一人親世帯や子どもの貧困率の高さが世間の耳目を集めることとなりました。しかし、最低限の生活が保障されない「絶対的貧困」が深刻化している点も軽視できません。そこで、鹿児島県の貧困状況の推移を外観してみましょう。

表1は、鹿児島県の貧困率、ワーキングプア率、子どもの貧困率を示したものですが、いずれも都道府県別・世帯人員別に算出した「最低生活費」を基準としている点が相対的貧困調査とは異なります。この調査によると、鹿児島県はいずれも貧困率が全国平均より高く、子どもの貧困率では二〇一二年以降二割を超える深刻な状況であることが分かります。近年もその状況は改善しておらず、就学援助を受けている児童・生徒の割合は約二二％（二〇一六年度）に上り、増加傾向にあります。

表１　鹿児島県の貧困状況

	1992	1997	2002	2007	2012
生活保護世帯数	13,004	12,404	15,200	18,371	23,342
貧困率*	20.8%	18.2%	23.0%	21.5%	24.3%
（貧困率全国）	9.2%	10.1%	14.6%	14.4%	18.3%
ワーキングプア率**	10.3%	7.9%	10.1%	8.6%	12.9%
（ワーキンプア率全国）	4.0%	4.2%	6.9%	6.7%	9.7%
子どもの貧困率***	14.5%	9.6%	14.9%	14.8%	20.6%
（子どもの貧困率全国）	5.4%	6.0%	10.5%	10.0%	13.8%

*総世帯数中最低生活費以下の収入しか得ていない世帯の割合
**就業世帯中最低生活費以下の収入しか得ていない世帯の割合
***18歳未満の末子がいる世帯のうち最低生活費以下の収入しか得ていない世帯の割合
戸室健作（2016）「都道府県別の貧困率、ワーキングプア率、子どもの貧困率、補足率の検討」『山形大学人文学部研究年報』[16]より作成。

戸室は、リーマンショックや東日本大震災後の二〇一二年のデータを見ると、これまで貧困率が高かった地域だけでなく、低率であった地域でも軒並み上昇しており、全体として「高位平準化」[16]が進んでいると指摘しています。もはや貧困は特定の地域の事柄ではなく、広く日本社会に巣くう問題となっているのです。さらに、二〇一九年以降の新型コロナウイルスは、この比率を高めるのではないかと予想されます。

このような情勢において、すべての子どもの育ちを社会的に保障していくためには、従来型の経済的施策だけでなく、福祉と教育の双方の視点を持って対策を行い、豊かな「生存」を保障することに重点をおく社会のあり方を追求する必要があります。フランスの経済学者ジャック・アタリは、コロナ下の経済について論じて、「危機が示したのは、命を守る分野の経済価値の高さだ。健康、食品、衛生、デジタル、物流、クリーンエネルギー、教育、文化、研究などが該当する。……危機を機に割合を高めるべきだ」（日本経済新聞二〇二〇・四・九）と指摘しています。子どもの生存を脅かす貧困問題は、コロナ後の世界が「命を守る」社会を再び目指す上で避けられない課題であるといえます。

（二）義務教育後の就学動向に集中する教育課題

教育と福祉の接点としての生存問題は、子どもがどのように将来像を描くか（描けるか）という点でも問われてきます。

図2は、この五〇年間の義務教育卒業後の進学動向を示したものです。高等学校等の進学率は一九六〇年代に急上昇しており、一九七五年には九五％に近づいています。鹿児島県における後期中等教育への進学は、全国平均と同様の推移を経たことが指摘できます。

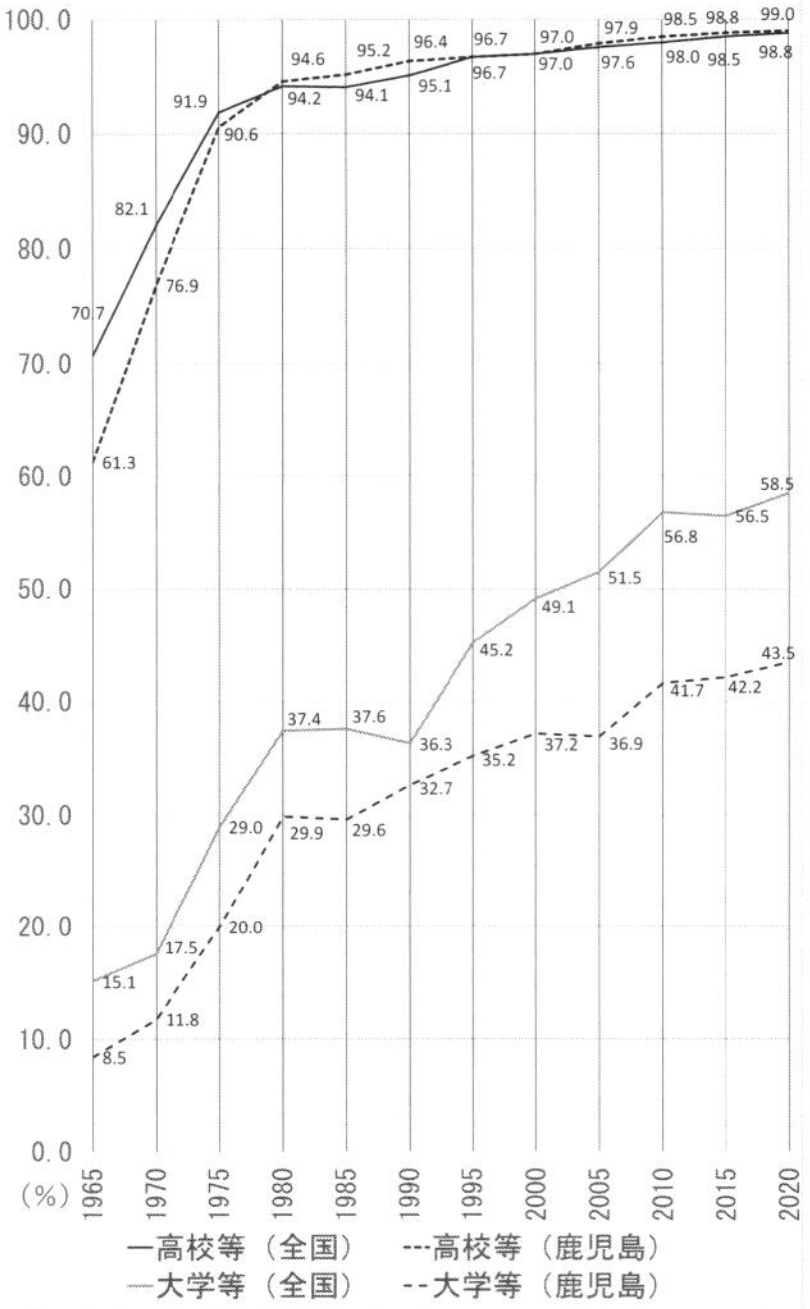

図2　卒業後の進路動向

「学校基本調査」より作成。各年3月卒業者数。なお、高校進学者が９割を割る1975年までは、３年前の中学校卒業者を母数としている。

ところが、高等教育への進学は、一九九〇年代には三割を超えるものの、その後全国平均が六割に達するのに対して、鹿児島県は現在も四割程度に止まっています。特に、二〇〇〇年以降の緩慢な推移が特徴となっており、全国平均との差が広がっていることが分かります。

鹿児島県の高校卒業後の進路動向の全般的な特徴をまとめると、①大学等

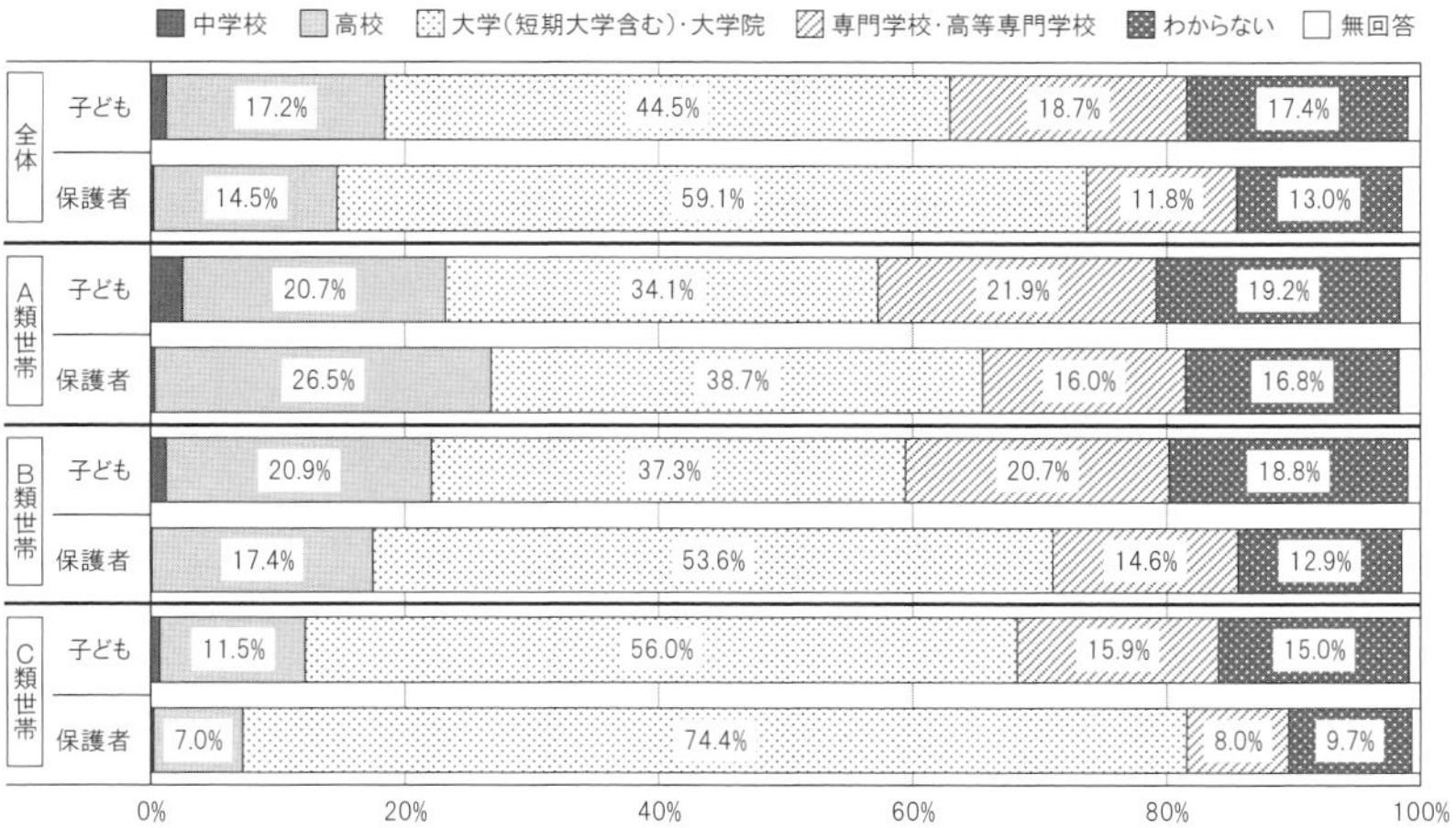

図3　中学２年生段階の進路希望（生徒・保護者）

鹿児島市「子どもの生活に関するアンケート調査」（2017）p.6より転載

進学率が九〇年代末から横ばいになっていること、②短期大学進学率は全国的に減少傾向にあるが、鹿児島県の場合は八%台で下げ止まっていること（全国平均五%）、③県内高校から県内大学への進学は約三〇%で、その占有率は五〇%台であること、④四年制大学の卒業後の進路では、進学者が全国平均よりも高く一五%ほど存在する一方で、就職者の県内就職が約五〇%と増加傾向にあることが指摘されています。[17]つまり、二〇〇〇年以降の新しい傾向として、県内では、一部の大学院進学者等を除くと、学歴社会の進行は緩慢化しているといえます。

　このような状況の背景として考えられる所得水準や学力については、実は進学との明確な相関関係は指摘できないといいます。[18]むしろ注目されるのは、鹿児島県にみられる傾向として、大学進学志願者数が増加していないことが原因となっているのではないかという点です。

　志願者数は、高等教育へのアクセシビリティ（利用可能性）を反映するものと考えられますが、鹿児島市「子どもの生活に関するアンケート調査」（二〇一七）には留意すべき結果が示されています（図３）。この調査は、子どもの貧困対策の推進に関する法律（二〇一三年）を端緒として全国で実施されるようになった子どもの貧困調査です[19]。

項目「子ども自身が希望する進学先と保護者が望んでいる子どもの進学先（中学二年生）」の結果をみると、Ｂ類とＣ類では常に保護者の期待値が子どものそれを一〇％前後上回っているものの、Ａ類では近似している（三八・七％／三四・一％）ことが分かります。このことは、Ａ類世帯の子どもは、親からの要望が低いことで、そもそも進学希望を持つことが困難であることを示しています。このように、子どもの就学動態への家庭の経済状況は、直接的に数値に反映するだけでなく、子ども自身の将来への「希望」を左右するものとして働くということに注意することが必要です。

では、本章冒頭でみた一九五〇年代と現在の貧困状況には、どのような違いがあるのでしょうか。一九五〇年に制定された生活保護法は、その後保護水準が徐々に引き上げられ、権利として最低所得を保障する形で改善が行われてきました。その一方で、要保護者が実際に制度を利用している割合（捕捉率）は二割以下と欧米諸国と比べて著しく低く、一九七〇年代末以降はその数値が低下傾向にあることも指摘されています[20]。また、近年では受給者中の高齢者の割合（五一％）が高くなっており、逆に母子世帯の割合（六％）は低下傾向が見られます（いずれも二〇一七年の保護世帯の構成割合、厚生労働省ＨＰ）。申請への意志を萎縮させる社会の批判的まなざしがあることも関係しているかもしれません。このことから、子育て世代の貧困がとりわけ問題を抱えていることが予想されるのです。

貧困問題は、政策の進展の一方で、家族や地域の紐帯が弱まり、生活の困窮が自己責任として受け止められるとき、福祉政策に対する社会の理解は得られにくくなるといえます。「生活の問題は個人の選択の帰結であり責任を負うのは当然である」とする態度は、とりわけコロナ禍に直面する現在においては過酷な状況をもたらすでしょう。このような「リスクの個人化」の進行を避けるためには、経済的支援だけでは十分ではありません。子どもの教育を考えるとき、義務教育後の就学可能性を高等教育まで拡充するために、進学後の奨学金や就学援助の措置だけでは十分ではなく、むしろ義務教育段階での進学への期待をどのように上げるかが重要だと考えられます。貧困状況にある子どもだけでなく、高等教育機関に欠く離島やへき地に住む子ども、病気や障害を持っている子ども、自分の希望を簡単には表明できない家庭環境にいる子どもについて、就学の選択肢を保障する社会づくりが不可欠であるといえます。

(三) 各章末尾の「提言」に込められた願い

本書の各章は、序章で取り上げてきた地域の歴史と課題を直接・間接に引き受けながら、子ども・青年が自ら生い立つことができる鹿児島を作ろうという点で共鳴し合っています。各章の末尾には、「民間版子ども基本計画」として執筆者がそれぞれ「提言」を提起しています。それらは、活動の蓄積から導き出されたものです。その提言の仕方はさまざまで、あえて書き方を統一していません。その重ね方やつなげ方はひとつではないと考えています。しかし同時に、それらの提言の接点にこそ、「何が子どもの育ちにとって重要か」という問いへの答えが鮮明に浮かび上がるのではないかと思います。

「民間版」と謳うことの良さは、個々の具体的な取り組みをまるごと取り上げることができること、網羅主義的にならなくてもいいこと、決定版ではない現在進行形の活動を学ぶことができることにあると思います。読者によってさらに提言が加えられ、本書で目指した「子ども基本計画」づくりがより豊かになっていくことを願っています。

〈注〉

1 今の鹿児島市立玉江小学校・県立短期大学の場所は陸軍の四五連隊跡です。この連隊の射的演習場が日当平にあり、四つか五つの丘が造成されていました。現在の日当平住宅のところになります。また、伊祢色神社から阿弥陀様の墓地まで防空壕があり、その中には四五度の急勾配のところがありました。

2 児童養護施設（一九四五年に設立された戦災孤児施設仁風寮から一九五〇年に若葉寮として分離・独立）。仲良しの友だちが数人その施設にいたので、遊びに行ったりしていましたが、その友だちが「大平君はいいよね」と言ったこと、施設の先生が「君は偉いよね。ここに遊びに来るなんて」と言ったことが忘れられません。今考えると私自身が「貧しさ」を考えたのはそれがきっかけだったように思います。

3 甲突川の水浴びは、農薬を理由にその後すぐ禁止されました。当時、甲突川では川砂や砂利を採っていましたので、その跡地で溺れて亡くなった子どももいたりして、「危ない」ということで川から子どもたちが離されていったように思います。しかし、田んぼから甲突川に流れるところや小野川が甲突川に流れ込むところでは手づかみで魚が捕れました。

4 七草は、子どもが人間になったことを世間に知らせる意味があります。民俗学的には七歳までは神の子であり、七歳になって初めて人間の子どもになるのです。七軒の家を訪問して「七草がゆ」をもらうのは、子どもがこれから世間の仲間入りをしますというお披露目の意味があります。その背景には、感染症や病気などで多くの子どもが七歳まで生きられなかったという実態があります。

5 我が家は、父が市役所に勤めていましたが、母と祖母は農業をしており、父も日曜日には農業に従事していたので、家族総出の畑仕事になります。大八車がリヤカーになった時の喜びを今でも覚えています。馬はいませんでしたが馬小屋と藁《わら》置き場は残っており鶏を飼っていました。味噌なども自家製でした。昔の分類では第二種兼業農家になります。そのため農家の行事が未だ色濃く残っていたと思われます。正月にはシラスを庭に播き清め、松の枝とクマザサを数本、シラスを盛った土山にさしていました。一月十四日には、「ホダレンスイ」（鰯を一匹まるごと、野菜も切らずにそのまま鍋で煮込んだもの）をつくって「豊作」を祈願。祖母は、庭の柿の木を「カッナレ（柿成れ）、カッナレ（柿成れ）」と叩いていました。少し前までは、子どもたちが各家庭をまわって何かもらっていたそうです。五月には茶摘みとそれを釜で煎って自家製のお茶を、端午の節句には「あくまき」と「かからんだんご」をつくっていました。近くの銭湯では菖蒲を浮かべていました。十月の「ホゼ」（豊年祭り）には甘酒も造り、親戚に配達するのは私の役目でもありました。また夏には麦ご飯に冷たい味噌汁をかけて食べる「冷や汁」なども記憶に残っています。

6 大平政徳（二〇一一）「地域を育てる『協同する学力』への転換を」鹿児島地域とくらし研究会編『鹿児島 地域とくらしブックレット』No.五、一九頁。

7 特に教職員組合との対決が激しくなります。休業中の課題として「夏休みの友」「冬休みの友」という課題帳を教職員組合主導で作成し、全県の児童・生徒に渡していたのですが、それを問題視した教育委員会は、父母を巻き込んで対立状況をつくり出していきました。なかでも平和教育に対する攻撃が激しく、長崎の修学旅行では被爆者の話を聞くことも禁止したのです。中学校社会科の教育課程問題でも、従来行われていた「ザブトン型」（一年地理、二年歴史、三年公民という学習形態）を禁止し、画一的な「π型（一・二年での地歴並行学習）」の教育課程を強制し学校独自の対応を全く許しませんでした。

8 南新秀一（一九八三）「離島（奄美）・過疎地における学校教育行財政についての一考察」『南日本文化』第一六号、六四頁。

9 吉田慶喜（一九九五）『奄美の振興開発』本処あまみ庵、皆村武一（二〇〇三）『戦後奄美経済社会論』日本経済評論社など参照。

10 昇曙夢（二〇〇九）『復刻大奄美史』南方新社、二三三頁。

11 鹿児島県歴史教育者協議会編（一九九二）『再発見！かごしま―もうひとつの鹿児島案内―』鹿児島県歴史教育者協議会、一五一～一五三頁。

12 橋爪健郎編（二〇一一）『九州の原発』南方新社、二四九頁。

13 斎藤憲・樫本喜一（二〇一九）『奄美　日本を求め、ヤマトに抗う島―復帰後奄美の住民運動―』南方新社、八九頁。

14 トーチカの銃口がどこにねらいを定めていたか。志布志湾では、湾内の方向をねらい、未完成の頴娃町青戸基地では滑走路の方向をねらっています。すなわち、志布志湾では湾内に米軍が侵攻することを想定し、青戸では滑走路に米軍の飛行機が着陸することを想定していたと考えられます。

15 青年法律家協会弁護士・学者合同部会鹿児島支部編（一九七三）『志布志湾開発と住民運動―巨大開発とのたたかいの軌跡―』汐文社、一二九頁。

16 戸室健作（二〇一六）「都道府県別の貧困率、ワーキングプア率、子どもの貧困率、捕捉率の検討」『山形大学人文学部研究年報』（一三）、四三頁。

17 竹中啓之（二〇一七）「鹿児島県内の大学が置かれている状況について」『鹿児島県立短期大学紀要 人文・社会科学篇』（六八）、三三～五二頁。

18 前掲「鹿児島県内の大学が置かれている状況について」。例えば、九州圏内でみると、二〇一四年の「一人あたり県民所得」は二三九万円で宮崎県や長崎県よりも上回っている。また、全国学力・学習状況調査の平均値をみると、確かに鹿児島県は九州圏内でも低水準となっているが、突出するほどでもないという。

19 この調査で指標として用いられている「相対的貧困率」は、ＯＥＣＤが国際比較をする上でその社会において社会参加を阻む原因となる貧困状況を把握するという目的で設定されたもの。具体的には、等価可処分所得の中央値を基準として、Ｃ類を中央値以上の世帯、Ｂ類世帯を中央値未満の世帯とし、さらに中央値の五〇％未満をＡ類と分類している。

20 和田有美子、木村光彦（一九九八）「戦後日本の貧困―低消費世帯の計測―」『季刊社会保障研究』三四（一）、九〇～一〇二頁。

第一章　困窮支援・キャリア教育

学校外から学び・成長を支える
―困窮支援・キャリア教育の取り組み―

一般社団法人 folklore forest　米藏雄大

一、生活困窮相談窓口での子ども・若者支援

（一）生活困窮全般の相談窓口について

私が所属する大隅くらし・しごとサポートセンター（以下「センター」とする）は、生活困窮全般の相談窓口です。対象地域は、大隅半島南部の大崎町、東串良町、錦江町、南大隅町及び肝付町の五町であり、相談支援内容は五つの部門で対応しています。第一に、人間関係や持病・障害などからおこる困りごとなど生活の困りごと全般に対して相談支援をする「自立相談支援」、第二に、仕事への意欲や能力を高め自ら就職活動の行動を起こせるようにサポートする「就労準備支援」、第三に、借金返済や貯蓄の相談など家計全般の相談・助言をする「家計改善支援」、第四に、家族との不和や手持ちの生活資金がなく住む家がない人に一時的に宿泊場所や衣類を提供する「一時生活支援」、そして第五に、子どもの学習や自

立支援、生活環境の改善を行う「学習生活支援」です。

年齢や性別、収入の有無、内容如何など相談するにあたり制約はありません。生活の困りごとに対して、対象者の生活環境等の改善を通じて、よりよい生活を送るサポートを行っています。この生活困窮者自立支援窓口は、全国のどの市町村にも設置されています。

(二) 子どもの学習・生活支援員の役割

学習・生活支援員が主に行うことは二つです。一つ目は、無料の学習支援教室の開催、二つ目は、個別の学習・生活支援です。私は特にこの二つの活動に関わっています。

①子どものニーズに応える学習支援教室

学習支援教室は、小・中学生を対象に土曜日の午前中に参加費無料で開催しています。主に学校の宿題や塾の問題集を個別に学習してもらい、不明な点はサポーターが指導します。地域住民や地域おこし協力隊、退職教員や大学生がサポーターとして教室を一緒に運営しています。児童生徒の参加制限はなく、時間は二時間を基本とし、参加者の状況に応じて学習時間や活動内容を柔軟に変更しています。例えば、低・中学年が多い場合は、三十分から六十分は集中して学習し、残りの時間は読書やレクリエーション活動などを行っています。

教室へ来ると受付を行い、「学習記録シート」を記入します。来室の日にち、顔のイラストで選ぶ自身の気分の五段階評価、二時間の目標と結果、そして一日の感想を書き、毎回の学習記録を残しています。シート記入のポイントは二つあり、一つ目は気分を把握すること、二つ目は学習の進み具合を確認することです。

一つ目の気分の把握は、さまざまな児童生徒が参加するため、気になる子どもの日常の変化を「自身の気分」の表明によって確認するようにしています。困った顔や怒った顔を選ぶ参加者には「家庭や学校で、何かあったの？」と周囲に極力気付かれることのないように聞くようにしています。大抵は「兄弟と喧嘩した」や「保護者に怒られた」など、些細な返答が多いのですが、「怒られて手を出された（暴力をふるわれた）」と聞いた時には、他の子どもがいない環境で状況を確認し、教育委員会と情報共有する場合もありました。

二つ目の学習の進み具合の確認は、コミュニケーションをする際のきっかけにしています。月に多くて三回、合計最大で六時間程しか顔を合わすことがないので、一人ひとりとゆっくりコミュニケーションをとることが難しくなります。教室に来たときには「◯◯さんは、今日はこんなに進んだね。前回と比べて二ページもできてすごいね！」というように、これまでの様子と具体的に比較しながら、一人ひとりの状況に応じた声かけをして、頻繁に足を運んでもらえるような関係づくりを心がけています。

学期に一、二回は、ゲストを招いた「おたのしみ会（特別プログラム）」を開催します。テーマは、子どもや保護者が持つ困りごとを解決する内容にしています。保護者から「家で作文は教えられないから、指導してほしい」との声があった際は、新聞記者による作文の書き方講座を実施しました。また、「好き嫌いがあり偏食だ」と聞けば、地域の福祉事業所で栄養士による食の大切さ講座も実施しました。さらに、子どもから「ものづくりをして、皆で遊びたい」という意見があり、工業大学生が開発したオリジナルの空気銃づくり講座を開催しました。保護者には、子どもを土曜日に一時的に預け、勉強をさせて欲しいというニーズがあり、子どもには、宿題を終わらせてみんなで遊びたいというニーズがあり、それらのニーズを両方満たし、学習習慣の定着はもちろん、生活をしていく上で必要な力を育み、充実した遊びの機会を保障することをねらいとして教室を運営しています。

②個別の訪問型学習・生活支援

個別の学習・生活支援では、主に不登校や低学力状態にあり、学習・生活環境が厳しい生徒に対して、個別サポートをしています。ある生徒は、二週間に一回自宅へ訪問して学校の宿題のサポートを行い、空いた時間にボードゲームの相手やものづくりの手伝いなどをします。またある生徒は、学業不振により高校への入学が困難なため、週に二回近隣の施設で午後六時から八時に受験勉強のサポートをしています。担任教師による個別対応が難しい場合には、センターの職員が子どもと会い、関わりを持っています。

対象の児童・生徒への支援は、関係各所から連絡があり介入する場合がほとんどです。教育委員会をはじめ、町に在籍するスクールソーシャルワーカー、県の福祉部局に在籍する家庭全般の相談に乗る家庭相談員や生活保護の業務を行うケースワーカー、そして、各町の福祉課職員の連絡がきっかけです。残念ながら、保護者や学校からの直接の依頼はほとんどない状況であり、当事者から直に相談をどう受けるかがひとつの課題です。

支援の開始は、保護者と学校の担当者や管理職、紹介があった関係者が一堂に会し、情報を共有するところから始まります。通学状況、家庭環境、本人の特性や性格など、支援に必要な情報を関係者で共有した上で本人と会います。そして、直接顔を合わせて、コミュニケーションをとるなかで、支援目標を立てていきます。支援目標は子どもに提示することは少なく、関係者でまずは共有し慎重に対応を進めます。

学習支援教室

なぜならば、本人が「学校」「勉強」「将来」など学校で頻繁に耳にする単語に過剰に反応することも少なくなく、安易な言葉掛けは、支援者への拒否反応を引き起こし、家や部屋から出なくなることもあるからです。言葉遣いには細心の注意を払い、関係性を築いてから、今後のことや学業のことなどと向き合っていくよう気をつけています。

同時に、他の職員と共に保護者への支援もおこなっています。子どもが不登校や学力不振になる時は、学校での人間関係や勉強についていけないなどのきっかけ以外にも、家庭環境の変化が関係している場合も少なくありません。両親の不仲、父親の仕事が変わった、または収入が減った、面倒を見てくれていた祖父母が亡くなったなど、これまでの生活環境が大きく変わった時に子どもの心境や身体に変化が起こり、休みや遅刻が増えていきます。状況改善のために、センターの別部門の相談支援員や家計改善支援員が保護者に関わり、家庭全体で望ましい将来像を描けるように学校の外からサポートしています。

(三) 公立通信制高等学校へ通う生徒への学習・生活支援

①OPSA開設までの背景

本取り組みは、小中学生のみが対象ではなく、一般的な高等学校の在学年齢である十六歳から十八歳も含まれます。十五歳で義務教育を終えますが、それまでの支援で十分であるとは考えていません。高校を卒業し就労するところを見届け、社会で活躍するまでの社会環境を整えたいと思い、活動を続けています。

高校中退後の生徒、就労も進学もしていない進路未決定者や家事手伝いのために卒業した十六歳、そんな通信制・定時制高校へ通う子ども達に対してなにかできることがあるのではないか。それぞれの制度には隙間があり、どこかで支援の網の目からこぼれ落ち、うまく学校や社会への移行ができていない環境をどうにかしたい。そう実感して取り組みをはじめたのは中学三年生の生徒を支援している時でした。

A君は、中学三年の十二月の段階で進路が未決定でした。公立の通信制高校が進学先の候補として挙がりましたが、自宅に十分な進学資金がある様子はなく、なるべく学費がかからない学校を保護者は考えていたようでした。

公立と私立の通信制高校を比較すると、初年度だけで二、三十万円の差があります。もちろん、公立高校が安価です。私立高校は月に二回程度の鹿児島市内への登校やイベント、インターネット上での学習、普通高校と同様の最終学歴認定、進路決定後の卒業率の高さなど学習環境が整っています。一方、県立開陽高校の通信制は、初年度は五万円でお釣りがくる程度の費用で通学することができます。月二回程度地域にある協力校でのスクーリング、制服なし、三年での卒業率は約四〇%、担任制ではあるが担任は鹿児島市内にいます。通信制高校の卒業要件は、年十五回程度のスクーリング、レポートの期限内提出の後に試験を受け、それに合格して七十四単位を取得しなければなりません。私立と比べると学習環境やサポート体制は未整備であり、自ら率先して、または家族が一丸となり卒業まで頑張らないといけない状況があることを知ることになりました。

ある福祉関係者と話をしていると「A君は、公立の通信制高校へ通学しても卒業できないだろうから、入学手続きをしても意味がないかも」と話され、私は違和感を持ちました。「A君は、進路未決定で卒業するとどうなるのか？　高校全入時代に高校卒業まで環境を整えることが福祉の役割ではないか？　お金のない家庭の子どもは高校入学すらもできない社会で良いのか？」。どうしても自分の中で納得がいきませんでした。

開陽高校の教員に生徒の支援体制を聞くと、「自分が担任を持っているクラスの生徒の約半分は、鹿児島市外に住んでいる。もちろん、離島に住む生徒もいる。巡回は頻繁に行けるわけでないし、自宅に行くこともあるが、会えない生徒も多い。私たちもなるべく生徒の顔を見たいが物理的に難しい状況がある」と生徒への思いや困り感が語られ、自分の中で理解ができきました。現行の仕組みや制度には限界がある、ということについてです。

高校に入ってからは、受けられる福祉支援も、地域の見守り体制も手薄になります。スクールソーシャルワーカーは、大抵各町に一人ずついますが、高校を担当する者は少なく、接点は激減する傾向にあります。小中学校在学中は、福祉課で把握した家庭の事情は同じ建物内にある教育委員会と共有され、必要であれば現場の教員に伝達されます。その逆もしかりです。地域の見守りの目は、町外の高校に進学すると届かなくなります。民生委員や児童委員が家庭の状況を知ったとしても、高校に連絡することは稀です。高校に入学したら突如として成長し、自ら問題を解決するかというと、そうではありません。どれだけ、高校の教員が丁寧に子どもに接したとしても、課題は潜在化しており、支援が必要な状況に変わりはないことが多いように感じます。

二〇一八年度の県内公立小中学校の不登校の児童・生徒数は一・六四％の二六七九人で、前年度比較で約三百人増加というデータがあります。いじめの認知件数は七六一六件と前年度比較で約四割増[1]となっています。学校との距離を置きたいと考える子ども達はこれからもひょっとすると増えていくかもしれませんし、経済的に余裕がないのであれば、公立通信制高校へ進学する可能性も高くなるかもしれません。

「どのような家庭環境でも、自身のことや家庭・仕事に関することなどの相談に乗りながら、進路が見つかった状態で卒業できる環境をつくること」は、将来の生活困窮を防ぐため、センターができることではないかと考えました。そこで、開陽高校の教員と課題意識を共有し、打ち合わせを行ったうえで、フリースペース「ＯＰＳＡ」を開設することが決まりました。

②ＯＰＳＡの仕組み

「ＯＰＳＡ」の名称は、開陽高校の名称から取り、「開く太陽（OPEN SUN・オープンサン）」から「ＯＰＳＡ（オプサ）」と決めました。年六回の定期レポート提出の前週の十四時から十七時に、協力校がある鹿屋地区と志布志地区で運営しています。開陽高校に通う生徒であれば、誰でも参加できます。

本スペースは、学習を行う目的の「学習スペース」ではありません。気が向いたときにスペースに立ち寄り、携帯電話をさわったり、コーヒーを飲んだり、必要であれば学習や相談もできる「フリースペース」です。会場は公民館のような公的施設ではなく、民間の施設を一時的に借りています。インターネットの使用、仕切りのある部屋、交通の利便性、そして管理者が取り組みに共感してくれる方であることを条件に場所は決定しました。

困り感を抱える子どもの多くは、まず出かけることが苦手で、外に出る際に具体的に行くあてがないことがよくあります。アルバイトが必要な家庭も多いけれども、自ら一歩を踏み出すことが心身共に難しい状況があることも分かってきました。そのため、学校のレポートだけではなく、トータルで自立できる仕組みを目指し、五つのねらいを設け準備を進めました。

第一に、家やバイト先以外の居場所であり、社会との接点ができること。第二に、レポートの未提出を防ぎ、高校を卒業できること。第三に、就労・相談・免許取得を手伝い、在学期間中を有意義に過ごせること。第四に、卒業後の進路を見つけ、社会に望みを持って卒業できること。第五に、卒業後も定期的に連絡が取れ、早期離職を防ぎ、離職後のフォローができることです。

開催してみると、開陽高校に通う生徒、私立高校退学後に転学した生徒、開陽高校を志望している中学三年生、諸事情で転学を検討している高校二年生と保護者などが足を運んでくれました。生徒達の様子は様々です。いわゆる不良といわれる元気の良い生徒、大人しく人見知り傾向のある生徒、コミュニケーションが過剰になりがちな生徒などです。一部屋または二部屋に分かれ、それぞれの時間を過ごします。

三時間の学習で完成するレポートは二、三枚程です。一つの問題を丁寧に解くため時間がかかります。サポートメンバーは、障害者福祉や高齢者福祉の仕事に従事している人、海外での業務に携わっていた人などに主に協力してもらっています。残念なことに、まだ教育関係のサポーターはいません。その理由を教員に聞くと「大隅地域に退職教員が少ない、更に高校の教員に限ると思い浮かばない」と言われ、今後地道に活動をしながら協力を得ようと考えています。

生徒には、分からない点があれば直接高校の教科担当にその場で連絡をとるように伝えています。丁寧に教科指導をしてもらえ、自宅でレポートをする際に学校に連絡するハードルが低くなるように、関係の構築を促すようにしています。

具体的な様子はどのようなものか、次に紹介していきます。

③参加生徒の様子

B君から参加の申し込みがあったのは、午前十一時頃でした。固定電話の番号から、か細い声で参加申し込みがありました。聞き取りづらく何度も聞き返し、一日だけの参加とのことで、申し込みを受け付けました。

参加当日は、開始四十五分前に会場に訪れました。か細い声の通り、痩せていて、Tシャツからのぞく腕は肩近くまで、成人男性の手首程の太さでした。少しずつ話すB君は「誰かいると思い、早く来ました。小学三年生の妹の面倒を見るために、一時間程度しか学習できません。家事をしないと、父親に怒られる。帰宅する時間にいないと怒鳴られる」と話しました。私立高校から転学し、単位の取得状況は九月までの前期の単位を取れば卒業できると分かりました。英語が苦手ということで、サポーターと一緒に勉強をしました。彼が発する言葉はほとんどなく、それでもサポーターは献身的に、彼がレポートを終えるようにつきっきりになりました。当日のレポート枚数は三枚でしたが、彼もヘトヘト、もちろんサポーターも同様だったそうです。しかし、確かな達成感があるようでした。

帰り際に、「家事をしないと父親に手を出されるんです。僕に手が出るのはいいんです。妹を守るために、僕は家にいます。なので、僕は卒業をしても家にいようと思います。また、次回も来ます」と話しました。

二回目のOPSAで会ったB君は、帽子を深くかぶり、マスクをつけて重たい雰囲気を醸し出し、前回と同じ早い時間に会場に到着していました。財布とちょっとした荷物しか持参しておらず、「今日は家にいたくなかったのかな？」と考え、トランプで遊びながら過ごしました。すると唐突に「父親は私に卒業後も家にいて、家事をして、空いている時間に数時間アルバイトをしろといいます。お金は必要最低限が僕の取り分で、あとは家に入れろと。僕は、本当は、正社員として働き、一人暮らしをしたいと思っています。でも、父には言えません。妹と父親を二人にするのも心配です。私はどうすれば良いですか？」。卒業を二、三カ月後に控えた彼に、なんと答えていいか分からず、私は戸惑いました。「一緒に考えることはできるから、できることからやっていこう。まずは、卒業を目指して、次回今後のことを考えよう。その間に何かあったら連絡してほしい。私も連絡をする」と伝え、次回支援提案をする約束をして、彼は原動機付自転車で帰宅しました。これまでの状況を整理し、問題点を二点に絞りました。

一つ目は、父親からの虐待やネグレクトなど、生活環境が良好とはいえないことでした。暴言や暴力があることは本人に確認しましたが、ひょっとしたら小学生の妹も被害にあっている可能性がありました。最悪の状況を想定し、児童相談所への相談を通じて保護者への指導や妹の保護を考えました。養育環境を整えることを優先に、保健師との情報共有と家族への接触の二つを考えました。

二つ目は、本人の発達に課題がある可能性があることでした。言葉をゆっくり発することや自分のペースで会場に来ること、二回目に教室に来た時の重たい雰囲気などを考慮すると、彼の身体状況を具体的に理解しないといけないと考えました。知的に遅れがあるのか、精神疾患があるのか。それらを踏まえて就職先を検討しました。

虐待の可能性があったため、次回の学習教室前にB君に電話をして二つの問題点を伝え、状況確認をしました。父の暴力は、酒で酔っ払ったとき妹に対してふるわれること。飲酒やパチンコにいくことが頻繁にあり、食事がいき届かないことや、給食費が滞ることもあることが分かりました。

現在は、近隣に住む祖母が面倒をみてくれているが、父親はそれが気に食わない状況にあること、本人には知的障害があり療育手帳を持っていること、気分の浮き沈みはあるが病院にはこれまでいったことはないことなど、ゆっくりと話をしてくれました。「聞いた話を前提に、何ができるか次回までに考えるね。当日はよろしく」と、電話を切りました。

そして、約束をしていた三回目の日を迎えました。早い時間に会場へ行き、彼を待っていたのに、顔を出すことはありませんでした。電話をしても繋がりません。メールで、心配したこと、レポートの提出の手伝いを期間内であればできることを書き、送信することにしました。しかし、それに対する返信もありませんでした。

その後、一連の流れを高校側とも情報共有し、本人が無事に卒業していたことを確認するに至り、一安心しました。季節が変わるころに、ＯＰＳＡの卒業生として協力してもらえないかと連絡をすると、ようやく電話に出てくれました。最後のレポート提出が大変だったこと、祖母の知り合いの飲食店で昼食時のみ働いていること、父親は仕事の配属が変わり週に数日夜勤に出ていることなどを話し、教室へは気が向いた時に協力してくれるということで、電話を切りました。その後、彼とは会っていません。教室に来なかった期間の話も聞くことはできていません。ＯＰＳＡ開催ごとに電話を続けており、いつか会える日を期待しているといった状況です。

（四）大人が子どもの未来を信じるということ

学習・生活支援員を務めるようになって、三年間で四三一回の学習支援教室に延べ三六九八人の児童生徒が参加してくれました。個別の支援では、三〇九回、二九人と一対一で顔を合わせ、真面目な話もふざけた話もしてきました。前述のケースの通り、うまくいくことばかりではありません。十人の子どもがいたら十通りの困りごとがあり、その背後には、直視することも、感じることもしんどくなるようなものがあります。それに向き合い、本人や家族とともによりよい未来をつくっていかなければなりません。

この事業は、県内の約八割、全国の約六割の自治体が取り組んでおり、今後もさらに多くの子どもへ支援が届くことと信じています。その時に考えなくてはいけないのは「支援を届けることが目的ではなく、子どもたちの人生をプラスの方向に一ミリでもずらすこと」であると思います。家庭環境や学校の人間関係で人生を諦めることがあってはいけません。信じることとやりたいことができた時に、学歴、学力、環境が足かせとなり、どうせ無理だと本人に思わせるようなことはあってはならないと思います。

そのために、大人は知恵を出し、組織同士が協働し、地域全体で子どもを育む土壌をさらに豊かにする必要があると思います。「子どもの未来を、大人は信じられるか」、私も含めて大人に突きつけられ、行動で示せと問われているように感じます。自分の人生の物語をいきいきと語る子どもが増えるよう、自分に託された役割を全うしていきたい。これがこれまでを振り返り、心から今思うことです。

二、高校生を対象とした地域課題探求学習プログラム

(一)開催背景

鹿児島県の二〇一九年度の人口は約一六〇万人、一年前の同月と比較すると約一万二〇〇〇人減少し、減少率は〇・七六%でした。これまでの統計を確認すると、毎年同数程度減少している状況です。全国の人口減少率は〇・二%で、鹿児島県の全国増減率順位は三十一位となっています。参考までに一位の東京都は〇・七二%増加、四十七位の秋田県は一・四八%減少しています。(2)

人口減少に関連する数値として、高校卒業時の県外流出数があります。二〇一八年度、約一万四四〇〇人の生徒のうち、約四九〇〇人が進学、約一六〇〇人が就職、合計約六五〇〇人が県外の進路を選択しています。(3)高校生の三人に一人、県内の人口減少数の六割近い数となっており、高校卒業時の進路選択が人口減少と関連していると考えられます。

こうした状況を踏まえ、鹿児島県教育委員会では「鹿児島〝職〟の魅力発見プロジェクト」が始動しています。県内企業の出前講座等を通じて地元産業への理解や、地域への愛着や誇りを醸成する取り組みが二〇一九年度から開始しています。

内閣府が進める地方創生の取り組み「まち・ひと・しごと創生」では、二〇二〇年度から第二期がはじまります。そのなかには、地域の将来を支える人材育成のための高校改革として、地域と協働し地元を知

る取り組みや五大都市等の子どもたちが地方について理解する取り組みが盛り込まれています。

また、二〇二〇年度からの大学入試改革、二〇二二年度から始まる高校学習指導要領の改訂など、教育現場は明治期以来の大きな転換点にあるという言葉をよく耳にします。生産人口の減少、グローバル化、技術革新など社会の潮流に対応する人材の輩出が急務であると学習指導要領に明記されています。「社会に開かれた教育課程」を重視し、「何ができるようになるのか」、そのために「何を学ぶのか?」「どうやって学ぶのか?」など、「主体的で対話的で深い学び」を通じたカリキュラムマネジメントが必要とされます。あわせて、学校・家庭・地域が連携して、教育の改善・充実の好循環を生み出すことが求められます。

人口減少とそれにともなう学校教育現場の変化、そして子どもの成長・発達に学校外から何ができるのか、高校教員、教育関係者、大学生有志と検討し、一泊二日の探求学習プログラム「Quick&Chalk プログラム」を二〇一八年度より県内で開始しました。

(二) Quick&Chalk プログラムについて

①プログラムの概要

「Quick」はすぐに、「Chalk」は黒板に文字を書くチョークの意味です。「すぐに行動して、学びにつなげよう」という意味を込めて、プログラム名を決定しました。

プログラムは、地域企業や団体に課題を与えてもらい、二日間かけて解決策を考案し、最終的にその内容をプレゼンテーションするものです。二〇一九年度は、鹿児島市、姶良・伊佐地域、北薩地域、南薩地域の四カ所で開催しました。異なる四地点としたのは、なるべく県内全土の生徒に参加して欲しいという理由からです。

課題の例を挙げれば、JR出水駅の新幹線利用者が開業当時と比べて減少しており、利用者増加のために駅やまちでできる取り組みとはなにかを考えるというものでした。また、南さつま市では、定住外国人が近年増加し、その多くが技能実習生であるため、当事者が地域に愛着を持ち、滞在期間が終了してもつながりが切れない関係づくりについて考えました。他には、黒豚のブランド化、商店街の活性化、若者が望むお店やサービスなど、地域の困りごとやゆかりのあるものを掘り起こし、ゲストを決めて、テーマの詳細を固めていきます。そして、有志メンバーを中心に、当日までのスケジュールやプログラムの細かい流れを決め、参加者を募りました。

プログラムは、一日目の午前中に参加者同士のチームビルディングをおこないます。知らない者同士が二日間をともにするため、互いがどのような人物か理解し親睦を深め、プログラムにおける個人とグループの目標をそれぞれ立てます。午後にゲストによる情報提供やフィールドワークを実施し、課題の背景や基本的な情報、それにまつわる場所へ行き現状分析をします。夜には、夕食や休憩とレクリエーションをはさみ、提案内容の方向性と翌日の活動内容を決定します。夕食作り、ワークショップや余興を楽しむことで、課題に向き合って疲れた頭を休め、翌朝に備えます。

二日目の午前は、前日に決めたことを調べ、アイデアを練り、模造紙に報告内容をまとめていきます。午後は、参加者や課題を抱える関係者へプレゼンテーションをします。提案の背景、対象者、内容、提案によって地域住民や関係者にどのような変化があるかを報告し、質疑を受けます。最後に、自分やグループの振り返りを行い、日常生活に戻った時の目標を考えます。二日間の気持ち、プログラムによって変化した考え、今後の希望や地域に貢献したいことを、まずは一人でゆっくり振り返り、グループや全体で共有し、学びを深化させていきます。

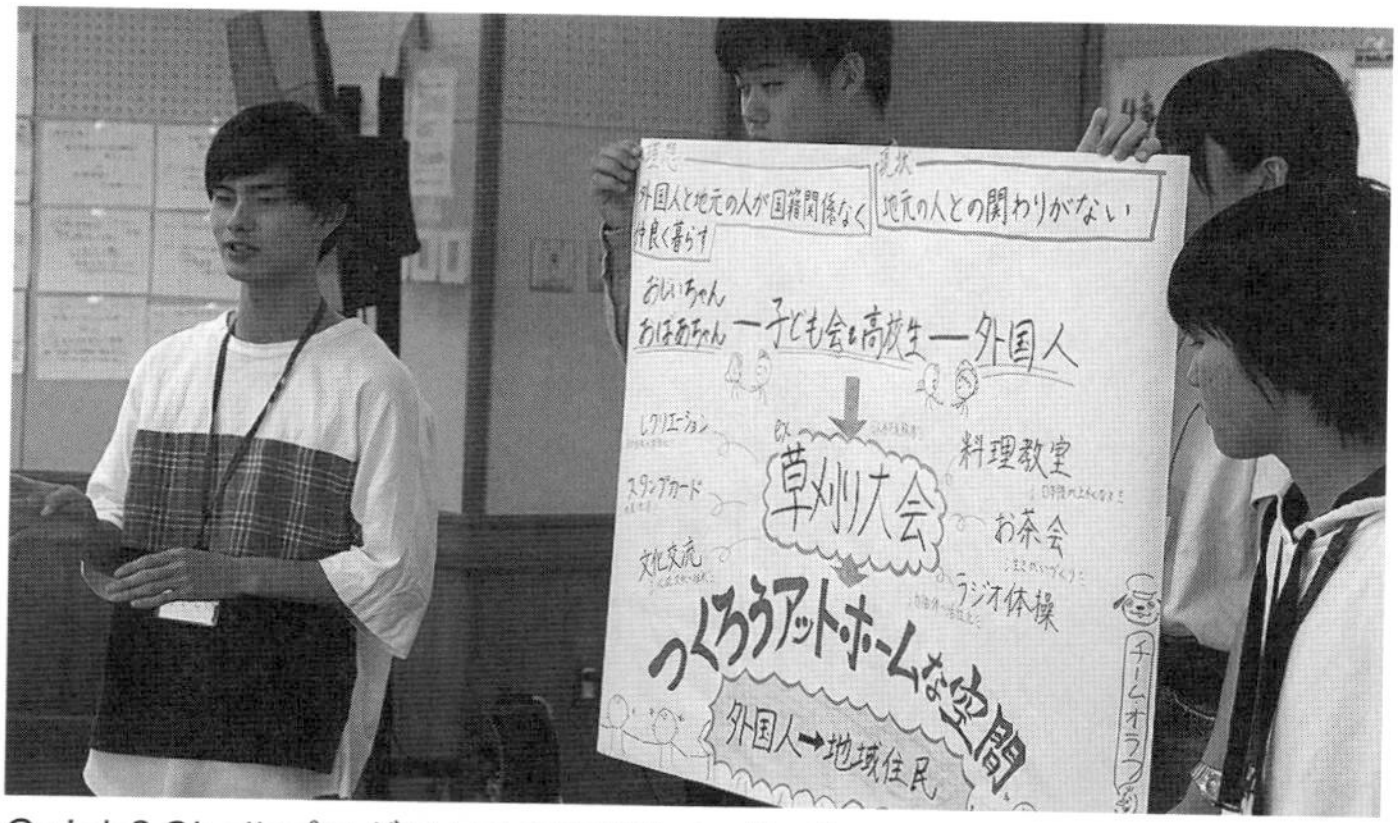

Quick&Chalkプログラムでの高校生のプレゼンテーション

プログラムの特徴は、三点あります。第一に、高校生・大学生・地域の若手社会人でグループを組むこと。第二に、宿泊を推奨し二日間途切れることなく、メンバーと課題に向き合うこと。最後は、プログラムを通して学びと成長を促すことです。

三者でグループを組む理由は、高校生のアイデアを大学生・若手社会人とともに磨き、学び合いの環境を作るためです。高校生と、大学生や社会人では持っている知識の差が大きく、時に高校生は議論についていけなくなります。大学生がファシリテーターとして、高校生のアイデアを引き出し、自身の専門知識や情報を提供し、ディスカッションを行います。若手社会人は地域について情報提供をし、ディスカッションが滞ることがないよう見守ります。また高校生が、大学生や社会人をロールモデルとし、自身の将来像を描く機会にもしています。

宿泊を推奨している理由は、非日常空間で意識や集中力を欠かさない効果があるからです。一旦帰宅してしまうと、参加者は日常生活に戻ってしまい、翌日には意識や集中力がリセットされてしまうことが多くあります。二日目の朝にメンバー間で意識にバラつきがあると、報告までに意見がまとまらず、達成感がないままイベントが終了することがこれまでにもありました。また一晩、メンバーと過ごすことで、プライベートな会話も弾み、地域外の友人や大学生の知人ができることも高校生にとっては大きな財産となり、満足度を高めているように感じます。

最後に重要視していることは、プログラムで、学びと成長を促すことです。参加者は答えのない課題に向き合い、対話を通じて、苦労しながら解決策を導きだします。言葉が出ない葛藤やアイデアが浮かばずに知識のなさを感じること、逆に率先して意見を言えたことや議論をまとめる力があることなど、自らの能力や知識と向き合う機会になります。時に自信につながり、時に無力さを感じる。それが成長の糧になります。「自分はチームに何が貢献できたか?」「メンバーはチームにどんな貢献をしたか?」「自分自身の変化は?」など、振り返りを丁寧に行い自身の新たな課題や目標についての認識を促し、イベントが単なるイベントとして終了することなく、学びや成長が日常と接続するように心がけて運営をしています。

②参加者のその後の活動と教員の視点

ここからは、参加した生徒の変化とその後の活動を紹介します。出水のプログラムに二回参加した、地元の普通科高校に通う二年生の平山瑞希さんに話を聞きました。三月のプログラム後に発足した「いずみ学生つむぎ隊（以下、つむぎ隊）」のリーダーです。つむぎ隊は、プログラムで提案したスタンプラリーの実現を目的に結成され、その後も継続して地元のイベントで催しものを行う市内の高校生を中心とした学生団体です。半年で四回の催しを行いました。

平山さんのプログラム参加の動機は、教員に勧められ、地元で行われることもあり、なんとなく将来の役に立ちそうだと思ったということです。二日間で、意見を言えないことや、できないことだらけだということを強く感じたそうです。学校では正しいことを言わないといけないと思っているが「何か言いたいことはない？」と聞かれたことや、自分の意見にアイデアを付け足し、良い方向に促してくれたことで、自分が必要とされている実感があったのだそうです。

現在はリーダーとしてつむぎ隊に関わっている彼女ですが、これまでに部活や活動を取りまとめる役割に積極的ではありませんでした。しかし、プログラムを通して他の人には負けたくないという気持ちが芽生え、誰よりも出水が好きだという思いから、やってみようと決め、大学生からリーダーを引き継ぎました。

半年活動して感じていることは、何をやるにも様々な壁や制約があることだと言います。スタンプラリーを企画した際、醸造屋でおにぎりと味噌汁を出そうとしたら、保健所から食べ物を出すことはできないと指摘を受けます。初めての催しで三千円の赤字となり、元リーダーの大学生が負担している様子を見て、理想だけでは地域活性化はできないことを肌で感じました。ですが、大人と食事をした時に、「私たちが企画をしても、大人や行政は取り合ってくれない、でも君たちの言葉や行動はたくさんの人に影響を与える」と聞き、高校生としての役割と責任を再確認したそうです。

今後はフラットなリーダーとして、自分たちが楽しいと思うことを通じて地域に関わっていきたいと考えています。これまでは大人のお膳立てがあり、やることもある程度決まっていたのが、今は企画を一から作る構想を立てています。スマイル選手権、フラッシュモブ、お菓子やパンづくり、おしゃれマップづくりなど、アイデアはたくさんあり少しずつ形にしていくそうです。卒業後は、まちづくりについて大学で学び、出水に戻ってきて就職をしたいという展望をもっています。

これらの活動には、地元の普通科高校に勤務する武田恭輔先生の支えがあります。団体発足のきっかけをつくり、地域の関係者と生徒をつなぎつつ、活動の見守りや進捗状況の確認の役割を担います。本人の成長について「初回のイベント時には、企業や役場に一人でアポイントをとったり準備をすすめたりしていました。しかし、一人での活動に限界を感じ、チームで動くことの重要性に彼女は気づきました。メンバーへの声かけや配慮、計画を立てそれを管理するようになりました」と、少しずつリーダーとしての資質を育んでいると話します。

学校の様子を確認すると「校内では元々目立つタイプではなく、大きな変化は見られない。しかし、学校外で自分の役割を見つけたことで言葉に力が感じられ、自信は出てきている。即効性はないが、活動の基盤がしっかりして、もっと生徒自身が主体性を持って動くことができると、本人自身の成長や将来の方向性をより絞って考えることができるのではないかと考えている」とのことでした。

最後に、多忙な教員が休みを返上し、なぜ校外の活動を下支えしているかを聞きました。「自分は子どもの成長の第一発見者でありたいと、ずっと思っている。それが校外でも見られることは、教員としての喜びである。人の目や困難に臆さずチャレンジできる子どもをどう育めるか、自分の責務だと思って向き合っていきたい」とのことでした。

これら一連の話を聞き、本プログラムは子ども達の成長のきっかけでしかないことを感じます。プログラム内で、語り考えることで社会に目が向き、きっかけや活動する理由があると行動をするようになる。

最初は大人の目が届く範囲でできることをするが、その最中に思いが強くなったら、その範囲を超えて行動する。葛藤や未知の出来事と出会い、それに向き合い、解決していくなかで、子ども達は少しずつ変化していきます。順番を飛ばした学びや成長はないことを改めて感じ、変化のきっかけや段階を踏んだ成長の機会を学校外から整えていきたいと考えているところです。

(三) 主体化された子どもがたくさんいる地域に向けて

このプログラムを始めたきっかけは、地域の疲弊を目の当たりにして、年齢に関係なくこの現状を自分ごととして認識する必要があるのではないかと思ったことです。私が高校を卒業する時に四つあった空き教室が、その後十年で九つまで増えていたこと。地域に大手のコンビニが一軒開店し、商店が二軒閉店したこと。店員もお客さんも高齢者の日中のファミレス。高校卒業と同時に県外へ出て、人口減少や地域衰退は社会のキーワードとして理解していましたが、自分が住んでいた地域の現実を見たことで、今起きていることの深刻さを実感しました。それを「誰かがなんとかしてくれる」または「仕方ない」で済ませることは、課題に加担しているような感覚が自分のなかにありました。昔みたいに戻って欲しいというノスタルジーはないけれど、できることをできる範囲で実行して地域になにか貢献できないかと考え、今日に至りました。

これらの問題は、大人だけの問題なのでしょうか。十八歳になれば、安易に都会への進学や就職を促してもいいものなのでしょうか。答えは「NO」だと考えています。地域の課題に年齢や経験は関係ありません。子ども・若者も同じ課題を解決する地域のメンバーだと思っています。

子ども・若者も一市民として一緒に課題に頭を悩ませ、アクションを起こすことが、身近な地域や本人の進路に豊かな影響をもたらすと信じています。「現状を何とかするために、この大学へ進学する」、「大学で学んだことを通じて、この課題を解決したい」と自身の学びと地域の未来がつながることで学習への主体化も促され、同時に人生の目的が明確化できると私は認識しています。それが実現されれば、地域課題もやがて解決する可能性も出てきます。地域の未来という大きな物語のなかに、高校生が自身の進路との接点を見出し、地域との良い関係と距離感で、新たな生き方や働き方を見つけて欲しいと考えています。

三、「子ども基本計画」への提言—多様な学びや支援が届く開かれた学校へ—

これまで述べてきた取り組みの主題は「子どもの困窮率」と「十八歳での県外流出」です。活動の原動力は、「都会と地方の体験・支援の機会格差をいかに学校外から埋められるか」という、私の中にある課題意識です。

活動拠点を故郷である鹿児島に移す前に、考えていたことがあります。すでに当時、東海地方で同様の活動をしていましたが、鹿児島の家庭や学習環境を自身の体験と比較すると大きなひらきがあり、東海地方で出会った青少年らの環境の良好さが、職業や暮らしの豊かさに比例することは自明のことでした。このことを教育関係者と話すと「困窮率が高くても地縁があるから大丈夫」「教育も大事だけど、地域に産業が少ない。そちらを先に、どうにかしないといけない」「高卒で県外の良い企業に就職させることが保護者からは求められることも多い。だから、それに応える」と返答がありました。私は「本当にそうか？それで良いのか？」という疑問がわき、今でも自身にこれらを問い、本人や社会に望ましいことが何かを模索し活動をしています。

教育現場や子どもの成長を学校外からサポートするなかで気付くのは、外部からは見えない教員の忙しさです。保護者や社会から求められる子どもの成長への期待を学校や教員が一手に引き受けているということです。活動を始めた十年前と比べ、学校の困り感に対応できる資源や制度は増えています。「開かれた教育課程」、「コミュニティスクール」がより広く認識され、学校と地域や外部組織が今より密に協力し合う環境が整い、多様な学びや機会を届けることにより、本課題を少しでも解消できるものになれば良いと考えています。

北海道のある公立小学校では、アーティストが数週間学校に滞在して創作活動を行い、その合間に子どもの情操や創造力を育む関わりをしています。全国の通信定時制高校を中心に、図書館にカフェをオープンし、生徒の相談にスタッフが乗る、日常や進路選択のお手伝いをしています。愛知県のある大学はイベントや学習できる環境を当番制で社会人に提供し、学びのコミュニティをつくり地域に寄与しています。

これまでに多くの学校に関わる中で、一つとして同じものはなく、教員やそこに住む人たちの思いがあることを実感します。あわせて、地域ごとに特色と格差があることを認識しています。その状況に向き合い、危機感を持った人や思いを持った人が集い、必要な取り組みが行われ、学びの環境が「社会」と「未来」に開かれることを切に願っています。

※本章一、（３）③で紹介した事例は、活動事例に基づく架空の事例です。本章二はコロナ禍以前の取り

組みです。

〈注〉

1　鹿児島県教育委員会義務教育課・高校教育課「平成三十年度児童生徒の問題行動・不登校等生徒指導上の諸課題に関する調査結果（鹿児島県公立学校）」令和元年十月十七日。

2　鹿児島県「県人口移動調査（推計人口）令和元年報」（鹿児島県ＨＰ）及び総務省「人口推計（二〇一九年（令和元年）十月一日現在）」（総務省統計局ＨＰ、二〇二〇年四月十四日）。

3　平成三十年度学校基本統計十四統計表（卒業後の状況調査／高等学校卒業後）。なお、専修学校進学者の県外進学者数は未掲載のため、大学等進学率から推計されている。

コラム① 鹿児島の学歴社会化と県外移動の変化―高校生の現状から―

一九七〇年代、鹿児島でも高校進学率が九〇％を超える学歴社会化が進行しました。県内の高校数は、新制高校発足時には七七校だったのが、一九七〇年代には一〇八校となり、高校進学が一般的となりました。そして、鹿児島の場合、高校を卒業した若者の多くが、就職または進学の理由で県外へと移動したのです。

それから約半世紀、二〇〇〇年代に進行した高校再編の中で、学校数は九〇校まで減少しました。定員を割り込む高校がある一方で、いまだ「競争の教育」（久冨善之一九九三年、労働旬報社）のなかにいる偏差値上位校の存在があり、序列化が維持されているといえます。

また、文部科学省「児童生徒の問題行動・不登校等生徒指導上の諸課題に関する調査」（二〇一九年度）をみると、鹿児島県の高等学校の中途退学率は二・一％（一一一五人）で、沖縄県に次いで全国二位の高率となっています。同じ資料の「高等学校の長期欠席」についても一〇〇〇人対二二人（九七四人）で全国的にみて高水準です。

このように、少子化時代の高校再編は、他の地域と同様に、学力格差を維持・徹底するかたちで、不登校や中退者を生みだしながら進行しているようにみえます。その中にあって、図1にあるように、通信制の生徒数の増加が注目されます。全国的にも通信制高校生徒数は二〇二〇年度の学校基本調査で初めて二〇万人を超えており、さまざまなニーズをもつ生徒の学びの保障を期待されているといえます。

では、高校卒業後の進路における県外移動の状況をみてみましょう。図2と図3はそれぞれ進学と就職による移動の実態を示しています。進学については二〇〇〇年以降の数値を示していますが、概ね五～六割が進学を機に県外に移動している状況が続いているといえます。他方で、就職については、一九七〇年代から現在までに就職者数が四分の一程度に減少する中で、県外移動者がかつては六割を超えて

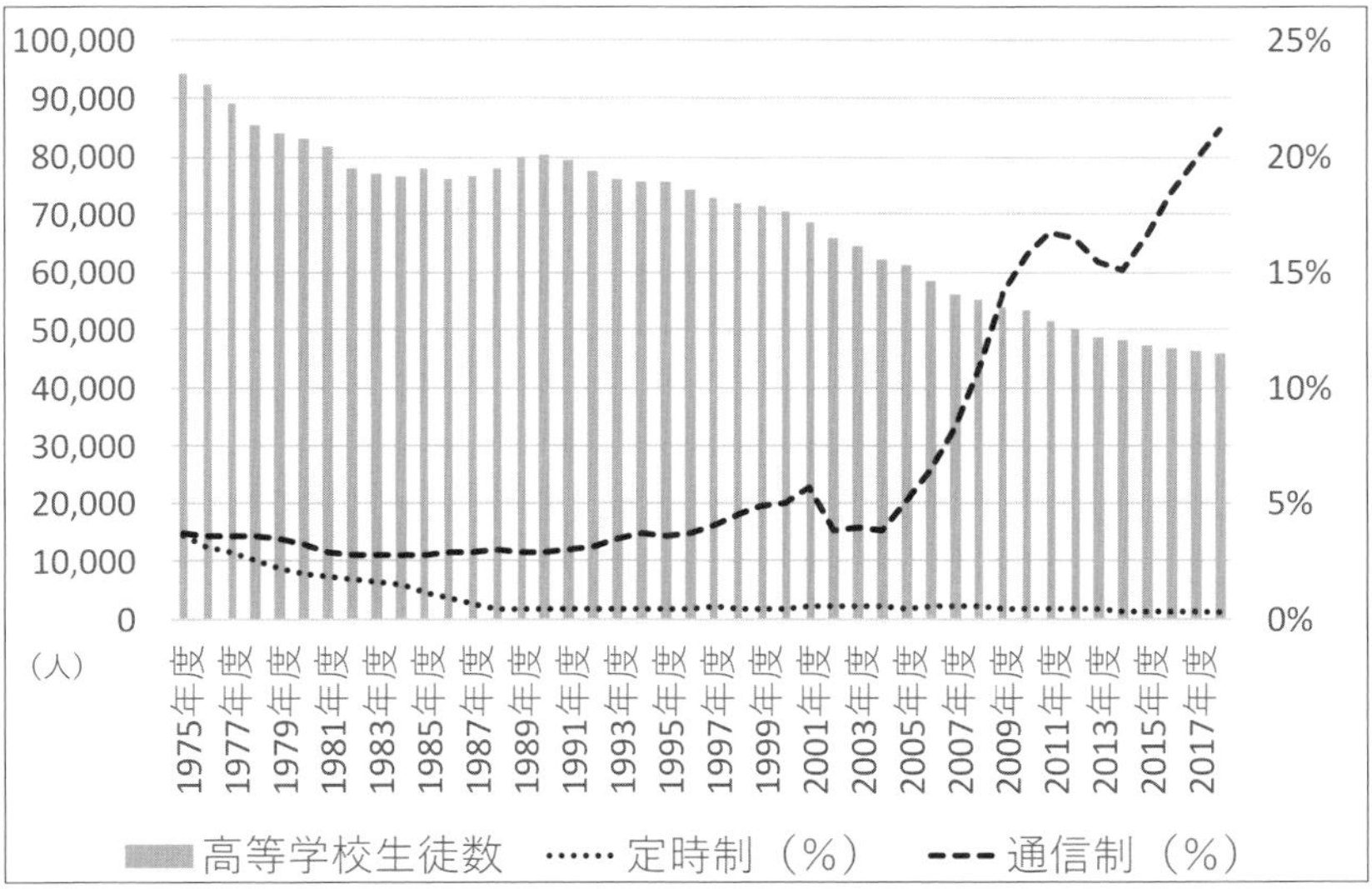

図１　高等学校生徒数の推移（鹿児島県）

いたのが、一九九〇年代には五割を切るようになり、現在では四割台で推移していることが分かります。つまり、若者の県外移動の主要因が就職から進学へと変化しており、進学の場合は学費負担が高額になることが予想されるため、若者の独力による移動は困難になっていると考えられます。ここから、「県外へ出ることによって独り立ちする」という自立のイメージはもはや過去のことであることが分かります。

※統計データはすべて「e-Stat 都道府県・市区町村のすがた（社会・人口統計体系）」による。但し、図１の高等学校生徒数のうち二〇〇九〜二〇一七年度は『鹿児島県統計年鑑』を用いた。

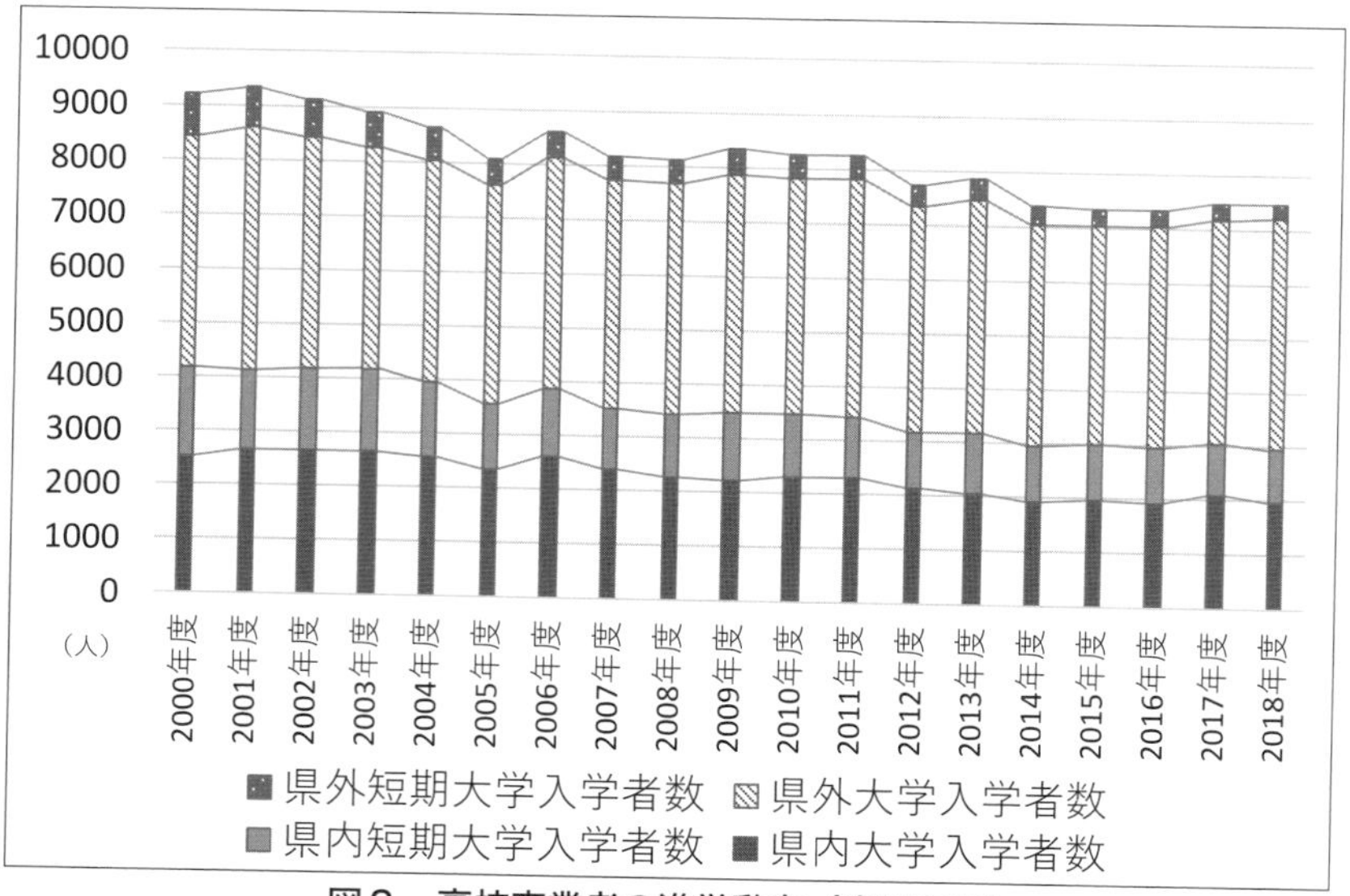

図２　高校卒業者の進学動向（鹿児島県）

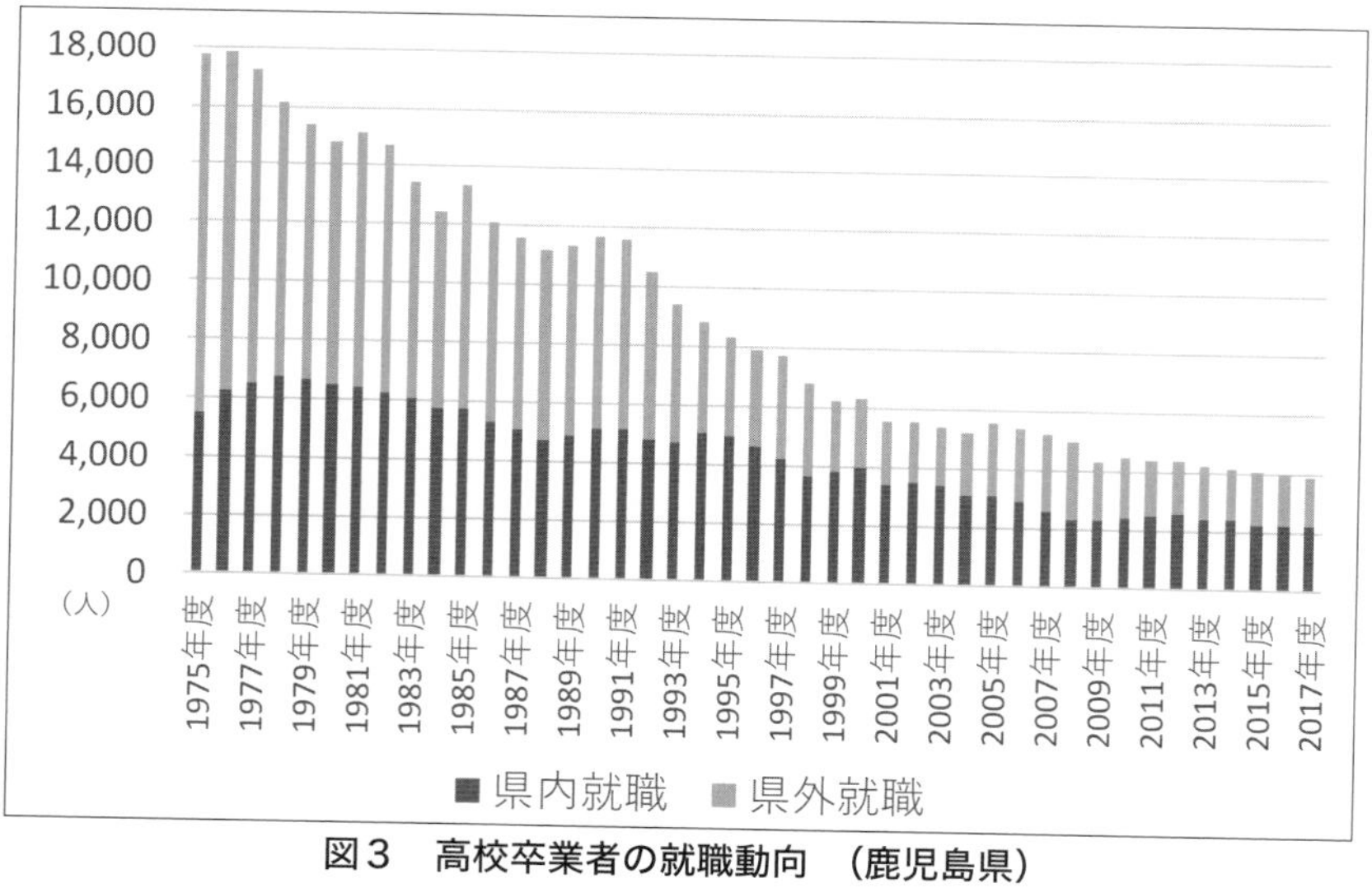

図３　高校卒業者の就職動向　（鹿児島県）

第二章　地域

ゆるやかなコミュニティが紡ぎだす育ちあいの関係
―「子ども食堂」の立ち上げ―

森の玉里子ども食堂　園田愛美

一、森の玉里子ども食堂設立に至るまで

（一）森の玉里子ども食堂が大切にしていること

子ども食堂の会場である玉里団地福祉館に、香ばしい食事の香りと湯気が立ち込める頃、「今日もみんないるかなぁ～？」と元気に入ってくる子どもたち。「おお、こんばんは。よく来たね。元気だった？」「今日は何のごはん？」「今日はハヤシライスだよ。みんなで食べよう。手を洗っておいで」「はーい」

月に二回、住宅地の中の福祉館（鹿児島市の管轄）で、誰でも集まれる食卓と団らんの場。子どもが中心ですが、その親や祖父母、子どもはいないが「子どもが好き。地域の子どもとふれ合いたい」という地域の方も来ます。みんなでご飯。そしてゆっくりとおしゃべり。お代わりをしたり、各テーブルで食べていた子どもたちが高校生・大学生と遊び始めたり、親同士は小さい子どもを膝に乗せたり、傍らに寝かせたりしながら一緒にお茶を飲んだり……。食事を出すのがひと段落したボランティアもおしゃべりの輪に入って、お母さんたちの話を聞いたり、顔なじみの子どもたちの様子に目を細めたりしています。

みんな、子どもが大好きで、どの子どもたちにも声をかけ、みんなで見守っている食事と団らんの場。赤ちゃんから人生の大ベテランまで、三十五畳の和室の中は、さながら「正月かお盆の親戚の集まり」といった大家族感。

この「大家族のような感じ」「子どもを中心として、誰もが仲良く温かい気持ちで関われる団らん」を、森の玉里子ども食堂は大切にしたいと考えています。どんな子どもも、「自分は気にかけてもらっている大切な存在」ということを、地域の中で感じてほしい。多様な家庭、多様な世代の人から、たくさん言葉をかけてもらったり、遠慮なく食べたり遊んだりする中で、「認められ大切にされる存在」であると感じてほしい。子どもや親、地域の誰もが安心感をもてる空間の中で、子どもに向けられる優しいまなざしが醸成される場でありたいと願っています。

家庭でもなく、学校でもなく、「地域」の中でこの場が作られることを大切にしてきました。この雰囲気の大切さをどうやって多くの人に理解してもらい、共有してもらい、どのように作り出すかが、スタート時の大きな壁でした。そして今は、それをどのように維持し、子どもとその親のために、どのようによりよく続けていくかを課題として、運営者・参加者一緒に考えています。

(二) 自分の原体験

昭和五十五年に生まれた私は、鹿児島市にある玉里団地で育ちました。母はご近所さんと、「お互い様」

の気持ちで、のどかで大らかに子育てしていたように思います。例えば、隣のお宅とはお互いの家の勝手口でおしゃべりに花を咲かせ、しょっちゅういろんなものの行き来がありました。回覧板、ちょっとした野菜やおかず、そしてしばしば私たち子どもまで。

他にも、「いろんなご近所さん」が、母や父はもちろん、私や妹にも、たくさん関わってくれました。家の塀に上って遊んでいたら「危ない、ケガをする」と叱ってくれるおばちゃんがいて、バドミントンの羽が引っかかったら、快く家の二階に上がらせてくれて取ってくれるおじちゃんがいて、一年生になったら「大きくなったねえ。制服が似合っているよ。嬉しいねえ」と、家からカメラを取り出して写真を撮ってくれるおばちゃんがいました。

「ご近所さん」は、誰であっても、私の生活のすぐそばにいつもいて、家族とは違うけど、なんとなく「なじみの関係」で、子どもであっても物怖じしなくてもいい存在でした（イタズラをして叱られているとき以外は）。小学校に入学すると、近くに新興住宅地ができ、毎日のようにどこかの棟上げの「餅まき」に出かけたものでした。ちょっと子どもが「冒険」しても、今の時代ほど心配もなく、人様におやつをいただいたり、友達の家に上がらせてもらったり、知らない家の棟上げでお金を拾って「良かったね。気をつけて帰れよ」とニコニコと送ってもらったり……。「誰」と限定することのない、なんとなくふわっとした、「ご近所さん」のまなざしが常にありました。自分たち子どもに関わってくれ、かまってくれる存在だったように思います。

不特定多数の人に助けてもらったり気にかけてもらったりした経験は、もっと幼少時からありました。私は祖父母になついていたので、祖父母宅近くの幼稚園に通いたいと言ったらしく、三歳から首に定期券をぶら下げて、一人で市営バスに乗って通いました。当時は今のような園バスはなく、朝、家の前のバス停から母に送られ、降りる停留所では祖母が待っています。

今の時代では考えられませんが、幼児が一人でバスに乗ることもできた時代だったのでしょうか。多くの知らない人が、優しく声をかけてくれました。「一人で乗ってるの。えらいねえ」「幼稚園、今日は楽しかったね？」。帰りのバスで居眠りをした時には「起きて。どこで降りるの。大丈夫？」とよく隣に座った色々な方に起こしてもらいました。うっかりバス停を過ぎそうになり、「運転手さーん。この子が降りないといけないんですって。止めてくださーい」と若いお姉さんが満員バスを大声で止めてくださったこともあります。

いろんな人がいるんだ、と漠然と学んだ毎日のバス通園。働いている人、学生さん、若い人、お年寄り。いろんな人を見て、その人たちに声をかけてもらったことは刺激になりました。おばあちゃんやおじいちゃんに席を譲ると喜んでもらえて、嬉しいものでした。

自分の膝に、いきなり学ランを着た大きなお兄さんがドスンと座ってきたこともありました。降りた後に、運転手さんが、マイク越しに教えてくれました。「あのお兄ちゃんは、いつもその一番前の席に座るって決めているんだよ。悪気はないの。今からあそこの学校に行くところなんだよ。バスの好きな、いいお兄ちゃんだよ」。お兄さんは、特別支援学校に通学している人でした。マイクを通して、運転手さんが私に語るのを満員バスのお客さんみんなが聞いていて、一番前の私の座っている所を通るときに「大丈夫だった？　えらかったねえ」と言ってくれた人もいました。

自分の周りには、いろんな人がいるんだな。そして、なんとなく、「みんなが自分のことを気にかけて、優しくしてくれる」とじんわりと思いました。バスやご近所さんといった私にとっての「世間」は、温かく、信じられるものでした。このことは、私が成長する上で、無自覚に自信を与え、安心感を与えたと思います。

教育について学ぶ中で、私の中の「自己肯定感」は、家庭や学校の影響もありましたが、「地域」におけるものが実は多くを占めていたのではないかと考えるようになりました。

(三) 子ども食堂との出会い

二〇〇三年に鹿児島県の小学校教師になりました。いろいろな地域の学校に勤める中で、子どもが地域の宝物として大切にされていることを実感しました。また、子どもの育ちが、家庭の影響を大きく受けることはもちろんですが、子どもの育ちの全てが各家庭の「自己責任」で完結できないことも学びました。子どもたちは、毎朝、それぞれの家庭の雰囲気をしょって登校してきます。そんな中で、何らかの理由で、本来どの子にもある「自分の良さ」を発揮し、学習や生活に落ち着いて臨めない子どもがいます。

教師になりたての頃は「親は何故ちゃんと我が子に愛情を注いでくれないのか」と思いました。しかしそれは違いました。親自身の孤独や不安が子どもに否応なしに影響しています。親も子も、ホッとできる時間や空間が必要だと思いました。しかし教師の自分にできることには限界がありました。

子どもは生活の殆どを地域の中で過ごしています。地域で子どもに関わっている住民も、子どもたちにとっては身近な大人です。子どもたちに、人の温かさを感じさせられるのは、何も家族だけができることではありません。「あなたのことを大事に思っているよ」というメッセージ。それはさりげない、小さな形でも、地域の多くの人が、近くで暮らす子どもに伝えることができたら、その子どもにとってはその地域で暮らすことが安心感や喜びになるのではないでしょうか。子どもが、「世間」の中で大切にされている実感がもてることが、必要なのではないかと考えるようになりました。「では、どうすればよいのか」という思いを、ずっと抱え続けてきました。

二〇一二年春、自分自身も子育てを始めました。育ったのと同じ、玉里団地。しかし、母がしていたご近所とのつながりある育児のイメージとはかけ離れた生活でした。朝、出かける家族を見送ると、夜帰ってくるまで、話し相手は言葉を話さぬ赤ん坊ただ一人。人恋しくてベビーカーを押して近所を歩いても、どのようにご近所さんと仲良くなっていいか分からない、人がいない気がする、声をかけにくい。

「もしかして、自分と赤ん坊がいなくなっても、人は気づかないのでは」という孤独を感じました。本来、子育ては楽しいもの。そして、私自身がもう少し人づきあいのきっかけを上手にもてたなら、地域の人はやっぱり優しかったと思います。ともあれ、自分には経験がありませんでした。そして方法がありませんでした。どうやって人との「つながり」を地域で作っていけるか。「この子に関わってほしい。そして母としての私に関わってほしい。孤独でなければ、前向きに頑張れるのに」。時代が違うとの一言では諦められない思いが生まれました。

そんな時に出会ったのが、二〇一六年、次女を出産した直後の雑誌の記事でした。

「みんなでご飯を食べよう」「温かいご飯と団らんで子どもたちに元気を」

これかもしれない。地域のみんなで、子どもに声をかけ、まなざしをかけられる場を作る。子どもはもちろん、私のような親が地域の方同士でつながりを作るきっかけになるかもしれない。「同じ釜の飯」と言うが、共に食卓を囲むことで人と人の心の距離も縮められ、地域の人が親子を知り、顔見知りになってもらえたら。子育て中の親子が孤独を感じることが少しでもなくなって、ほっとできる居場所ができたら。そんな子ども食堂が県下にたくさん広がって、どの小学校区にも根付くことを願い、自分の住んでいる鹿児島市玉里団地に子ども食堂を立ち上げようと決心しました。

どんな家庭の子どもも大切にされている実感を持てるようになる。それは、家庭だけ、あるいは学校だけでできるものでもありません。私は子ども食堂で地域の子どもの育ちに誰もが関わり、温かく見守る雰囲気のある地域づくりに、希望をもちました。

（四）「子ども食堂」が世の中にできた背景

「子ども食堂」という活動が始まったのは、二〇一二年、東京都大田区。そこから関東を中心に急激に広がっている活動であることを知りました。子どもが一人でもご飯を食べられるところ、という思いで「子ども食堂」と名付けられた活動。子どもは無料または低額で食事ができます。

「子どもの貧困問題」に目を向け、何とかしなければと考える人が増えていったのと同時に、東日本大震災の直後、地域で支え合う「共助の精神」で動き出した方々が、この「子ども食堂」の活動を始めていました。その思いは、とても共感できるものでした。そして、私自身も、必要な活動であると確信しました。今動き出さねばという思いに突き動かされました。私が動き出した二〇一六年には、全国で三一九カ所の子ども食堂が活動していました。その後、子ども食堂は、二〇一八年には二二八六カ所、二〇一九年には三七一八カ所と急増し、全国の六小学校区に一つの割合で子ども食堂が存在することになりました。

二、森の玉里子ども食堂の活動と運営

（一）立ち上げに必要だったこと

①活動に必要な「場所」「人」「食材」「資金」、そして「周囲の理解」

鹿児島県内には、まだ「子ども食堂」と名の付く活動はなかったため、子ども食堂を立ち上げる時はとても苦労しました。しかし、「子ども食堂」を立ち上げたいと思った私の思いは、自分を傍観者では終わらせない切実なものでした。そばで見てきた子どもたちのために、地域の人が温かい声をかけられる場がほしい。今、何とかしなければ、孤独を感じる子どもはどんどんそのまま大人になってしまう。

そこで、私は地域の中で「みんなの食卓と団らんの場を作る」ための、「場所」「人」「食材」「資金」を探しました。加えて、最も難しかったのは、「周囲の理解を得る」ということでした。他の事柄についてはは運営方法の部分で述べることにし、ここでは周囲の方の信頼を得る難しさについて述べます。

②子ども食堂ボランティアならではの「信頼を得る難しさ」

地域の中で、「誰でも参加してください」という開かれた活動をするためには、活動を周知し理解してもらう必要があり、それが、場所を貸してくれる人、一緒に活動をする人だけでなく、地域の人、さらに、その後活動の存在を知る不特定多数の人、すなわち「世間」に理解してもらう必要がありました。

その理由は特に、活動の特色として「ボランティア活動」であることが大きかったのだと思います。先に述べた、実際に必要な場所、食材、人などを探す過程で、私は多くの方と話し、理解を得ることの難し

さを痛感していきました。単にサークル活動を立ち上げることとは、きっと全く違う厳しさです。

子ども食堂が、世間の理解を得ることが必須であったのは、運営するために二つのことが必要だったからです。

一つは、寄付をいただき、食材を提供していただき、無給でボランティアをしていただくことを前提にしている活動だったからです。

もう一つは、地域の子どもに来てもらって、食事をしてもらうためには、子どもに情報を届け、安心して「食べておいで」と言ってくれる周囲の大人の理解が不可欠であったからです。

そこで、たとえごく小規模の、一市民の活動であっても、「公共性」に近い「社会的責任」が求められるものなのだと肌で感じました。カタチのないものを作り出すために、理解を得ていくことは本当に難しいものでした。

思い返すと、私が子ども食堂を立ち上げるためにとても多くの人に話をさせていただきました。市役所のこども福祉課の方、市保健所の方、市社会福祉協議会の方、地域の町内会長さん、玉里団地福祉館の館長さん、周囲のお店の方々、自分の子育ての仲間（子ども劇場の会員）、フェイスブックで問い合わせを下さった、会ったことのない方々まで……、多くの方に「こんな活動をしたい」と語りました。

ふり返って、今思うと、自分がボランティア活動を立ち上げる時に、「地域にとって良いことをするのだから、みんな分かってくださる」という甘さがあったことは否めません。「子どもにとっていいこと」「子どものために、ぜひ必要」「ボランティアで運営したい」という、自分の中では「熱い思い」を、みんなが好意的に受け止めてくださる訳ではないのはなぜか。悩みが尽きませんでした。

でも、今、活動を五年続けて思うことは、それぞれの立場の方々もみな、その立場で大事にしているものがあり、責任があるということ。そのため、それぞれの立場から見ると、私が考えている当然の大前提も「本当にそうなのか」と考える方がいることが今になると分かります。自分が「何者か」ということも含めて、「本当に地域の子どものためになるのか、できるのか」、根本から問うてくださる方々がいらっしゃったのは、大事なことでした。そのような疑問を含めたまなざしは、ひいては地域の子どもの親や、世間の声のひとつであると思いました。理解を得るにはどうしたらよいかを考える中で、地域活動としての子ども食堂に必要な「公共性・安全性を備えた社会的責任を果たす」という覚悟を与えてもらったと思います。

「理解してもらうことの難しさ」は、今も抱えていますが、時に厳しい目で見続けてくださる方々は、その厳しいまなざしこそが森の玉里子ども食堂を続けていくための一つの財産ともいえる存在であると思っています。

③周囲の理解を得るためには「共通する価値観でつながること」

私は仲間を集める必要がありましたが、幸運だったのは、鹿児島市鴨池公民館で行われている「鹿児島子ども研究センター」の「子どもの貧困」を考える学習会の案内を見つけ、参加したことでした。参加者全員の自己紹介の時間に、「子ども食堂の活動をしたい」という思いを語るチャンスをいただきました。それがきっかけで齋藤美保子さんが、探していた子ども食堂の代表を引き受けてくださることになりました。

「子どもの貧困問題を何とかしなければ」「どの子も、安心して学び育つ環境を、大人が保障しなければば」という共通の意識で、多くの方との出会いを得ることができました。

また、私が、赤ん坊を抱えながら一人の未熟な母親として語ることで、福祉館の職員、民生委員・児童委員、社会福祉協議会の職員、市役所の職員など様々な方が、「そこまでいうなら」と助け船を出してくださったように思います。

自分の経験を語ること、なぜ「私」がやりたいのかを語ることで、熱意を感じ「思いを汲んで」いただくことになったのではと思います。

価値観でつながり、共有できる同じ目的に向かって、互いにできる行動の一歩を踏み出す。この「立場を超えた思いの共有による行動」の大切さを、子ども食堂の活動を続ける中でも強く感じてきました。人に届く言葉を探す中で、一般的な必要性だけではなく、自分が何のために、何をやりたいのかをはっきり伝えることが大切だと、日々考えています。

(二) 活動の目的

森の玉里子ども食堂の活動の目的を、「地域の中で、どの子どもも心身ともに豊かに育つために行う活動」と考えました。「どの子どもも心身ともに豊かに育つ」とはどのようなことか。「めざす地域の姿」を考え、それを実現するための「めざす子ども食堂の姿」を考えました。

○子どもにとって、気軽に挨拶や会話ができる大人が多くいて、「自分に関心をもってくれている大人が大勢いる」という実感をもって生活できる地域。
○地域住民にとって、どの家庭の子どもも「地域の子ども」として顔なじみであり、子どもを中心として大人もつながりあい、「お互い様」の精神が息づく地域。

←

①子どもやその保護者に、「おなか一杯食べ、健康になれる食事」「家庭的でほっとでき、心も元気になれる居場所」を提供できる子ども食堂。
②良いことも悪いことも「世間の目」が気にかかることが考えられるため、「子ども食堂＝貧困家庭の利用するもの」という認識をもたれず、誰もが気軽に立ち寄れる開かれた子ども食堂。
③公民館・福祉館などが充実し、学校行事が盛んな地域性、都市部では希薄になりつつも「お互い様」の精神や地域行事・子ども会行事等が残る地域性を生かして、「地域の場・もの・人」が生かされる子ども食堂。

(三) 運営の方法

①人・食材・資金

・ボランティア

地元の新聞やTVで取り上げられたこともあり、初めは鹿児島市内の各地に在住する方から希望がありました。「いずれは自分の地元で子ども食堂に携わりたい」という希望がある方の、見学を兼ねたボランティア希望も多くありました。現在は、駐車場が少ないことや、各地域にたくさんの子ども食堂が立ち上げられたことから、最近は近所や近隣の住民ボランティアに固定化されています。また、学生のボランティアの多くが、進学・就職してもボランティアに来ることを続けています（このことについては後の章で述べます）。

・食材提供

米、野菜、麺類、調味料、飲料、卵、離乳食など、あらゆる食材を提供したいという申し出をいただいてきました。マスコミの影響で遠方から郵送されるものもあります。二〇一九年度には、「鹿児島の鯨食文化を守る会」から提供を受けて、鯨肉を使った竜田揚げやカレー等を作り、子どもたちやその親が「初めて鯨を食べた」とびっくりすることもありました。「地域の中で親も含めた食育を図りたい時に、地域の中で広く親子を受け入れてみんなで食べる活動をしている子ども食堂が浮かんだ」ということです。このような活用のされ方も大変ありがたいです。

他にも、企業で支援したいという申し出で、うどん百玉のように多くの食材をまとめて提供されることもありました。

地元の商店等に貼ったポスターを見たり、地域の中で話題になったりしたことから、家庭菜園のナスやピーマン等の野菜をくださる方や、会場に米や素麺、箱ティッシュなどを持ってきてくださる方もいます。毎回そのような支援が絶えません。

・財政支援

「子ども食堂の趣旨に賛同した。活動を支えたい」という問い合わせをいただき、活動を支える「支援会員」を設定して、現在に至っています。年に数回程度の活動報告をメールもしくは郵送で行います。二千円に設定した年会費（郵送希望者は切手代五百円増）を超える寄付金を振り込む方もいて、安定的に活動が維持できています。おかげで、毎回の食材費の赤字の補填のほか、食器や調理用具の購入、活動に必要な看板、台車等増えていく備品を収納する小さな倉庫等の設備も整えることができています。

近年は、鹿児島県内や全国の子ども食堂の活動が広がり、子ども食堂の活動を支える補助金や助成金も多くなってきました。森の玉里子ども食堂でも、二〇一八年度から鹿児島市が行事保険を補助してくれるようになり、金銭面の負担が減りました。他にも、アサヒ飲料、キユーピーみらいたまご財団等から活動資金を頂けたほか、活動を広く知っていただく機会にもなりました。

しかし、地域の方に地域の子どものための活動を支えてもらえることが理想なので、これからも地域の「支援会員」が増えていくことを望んでいます。

②運営の方法

運営は、当初、目の前の課題をこなしていくことに必死でした。しかし、「子どものために何かできることをしたい」と考える人がこんなにも多くいたのかということに驚かされ、出会いの中で、「地域の子どものために、みんなでこの子ども食堂をよりよく維持していこう」という気持ちがボランティアの中に生まれてきて、それぞれが気づいたことを話したり、改善のために自主的に動いてくださったりするようになりました。

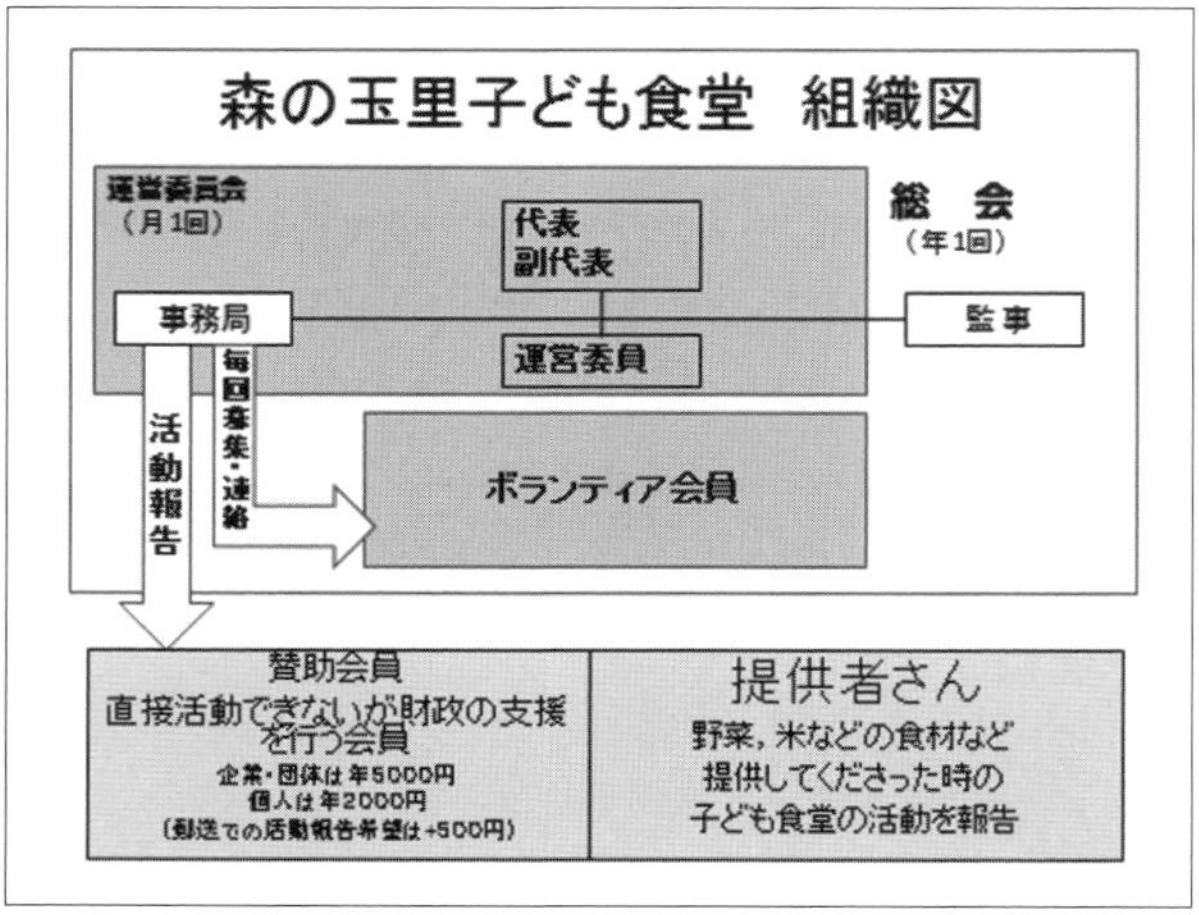

そこで、毎回の子ども食堂当日のミーティングのほか、運営のコアメンバーでの運営委員会、年一回の総会など、「子ども食堂の運営についてみんなで話す場」を設け、みんなで知恵を出し合い思いを共有することを大事にしています。

③行政・専門家との連携

・鹿児島市子ども福祉課

必要な家庭に子ども食堂の情報が届くように、母子寡婦福祉会や社会福祉協議会等へ案内チラシが配布できるように各所と連携していただきました。また、鹿児島市のひとり親向けのパンフレットにも、鹿児島市内の子ども食堂の情報を掲載していただいたり、鹿児島市内の子ども食堂運営者対象の学習会を開いたり、鹿児島市の子ども食堂が自費で入っていた「ボランティア行事保険」の保険料を補助したりと、安心・安全な居場所としての子ども食堂が安定して運営できるように支援をしていただいています。

子ども福祉課の方には、これまで三回にわたり森の玉里子ども食堂を視察してくださいました。子どもやその親が安心して地域で生活できているか、キャッチする場でありたいという我々の思いに伴走していただいている思いがあります。

・鹿児島市保健所

子ども食堂の活動を始める際に、衛生面の配慮について、指導をいただきました。また、初年度には、ボランティアに向けた衛生講習会を行った際、保健所の職員さんが講師として丁寧にご指導くださいました。いただいた注意事項のポスターを調理室に掲示し、いつも気をつけるようにしています。

・民生委員

一回目から様子を視察したりボランティアとして参加したりしてくださっている方が数人います。玉里団地の民生委員としては、高齢化の課題があるそうですが、一人暮らしのお年寄りを子ども食堂に連れてきてくださるのはありがたいです。

路上駐車のトラブルを避けるため近隣住民にご自宅の駐車場の提供を募ったり、開催日時の連絡をしてくださったりする民生委員さんもいて、三年目からは運営委員として一緒に活動をされています。子ども食堂参加者の家庭に気になるサインを感じたり、相談を受けたりした時に、行政との懸け橋となってくださっています。

鹿児島市内の民生委員全体の会合では、森の玉里子ども食堂代表が活動について話をさせていただきました。

これからも、必要な時にお互いの情報の共有ができる関係をもっていきたいと思います。

④ネットワーク設立

二〇一八年六月、県内の子ども食堂や地域食堂の運営者で「かごしま子ども食堂・地域食堂ネットワーク」を立ち上げました。私が、県内最初の「子ども食堂」と名の付く活動を始めた発起人であることもあり、御縁をいただいてこのネットワークの代表を務めています。

このネットワークを通して、県内の様々な地域で活動されている皆様と顔見知りになることができ、情報交換をしたり、食材のお裾分けをしたりする関係ができました。また、イベントを共催したり、必要に応じてお互いの子ども食堂を紹介したり、支援の必要な家庭を共に見守ったりもしています。

私たちはみんな、それぞれの「地域の課題を解決するために、自分ができることをしたい」という思いに突き動かされ、前例がない中、試行錯誤をしてきました。互いに地域は違っても共に子ども食堂の活動をする仲間同士として「電話で尋ねることができる」「時々愚痴を言ったり悩みを相談したりできる」関係であり、お互いの地域で「また頑張ろう」というエネルギーを持ち続けられる「共助の関係」も大切だと思っています。かごしま子ども食堂・地域食堂ネットワークとしては、二〇二〇年度、「顔の見える仲間」の関係をもっと深めるために、県内全域で「子ども食堂・地域食堂の集い」を企画しました。各地域で、もっと子ども食堂や地域食堂の活動を「やってみたい」から「やれそうだ!」と実行に移してくださる仲間を増やすことにもつながっていけばいいと思います。

ネットワークができたことで、「子ども食堂の支援をしたい」と考える様々な立場の方々と、つながりをもつことができるようになりました。

鹿児島県子育て支援課は、二〇一八年度に、「子ども食堂みんなで応援会議」を知事同席のもとで開催してくださいました。県が支援に乗り出したことで、県内の認知度が高まったほか、子ども食堂に対して企業や個人が信頼を寄せて支援や周知に関わってくださるようになりました。県内の子ども食堂運営者が地域の中で子どもに関わる方とつながる場を各地で開催したり、鹿児島市で講師を招いてシンポジウムを開催したり、厚生労働省他の通達や助成金等様々な情報を各子ども食堂にくださったりしています。

鹿児島県の登録子ども食堂の制度もできました。県の側面的な支援を受けながらも、自分たちが自立した活動を続けていけるよう、県内の各子ども食堂に伴走する「互助・共助のためのピアサポート」と、「活動の中間支援」の二本柱の機能をもつネットワークにしていけたらと考えています。

三、子ども食堂に参加するそれぞれの事例

(一) 保護者の様子

子ども食堂が始まって数回目までは、「食事を食べる人」「提供する人」それぞれがバタバタしていて、なかなか一緒に会話をすることができませんでした。

「ただ、食事を提供する、されるだけの場なのではない。レストランのように効率よく食事を提供しても、そこに心の交流がなければ子ども食堂の意味がない。家庭で子どもにお手伝いをさせるように、食事のしつけをするように、そして食卓を囲んで団らんの時を過ごすように、それと同じ雰囲気のある子ども食堂でなければ、子どもも親も本当に心からほっとする居場所とは思えないのではないか」

そうした思いで取り組んでいることを、参加する子どもにも大人に

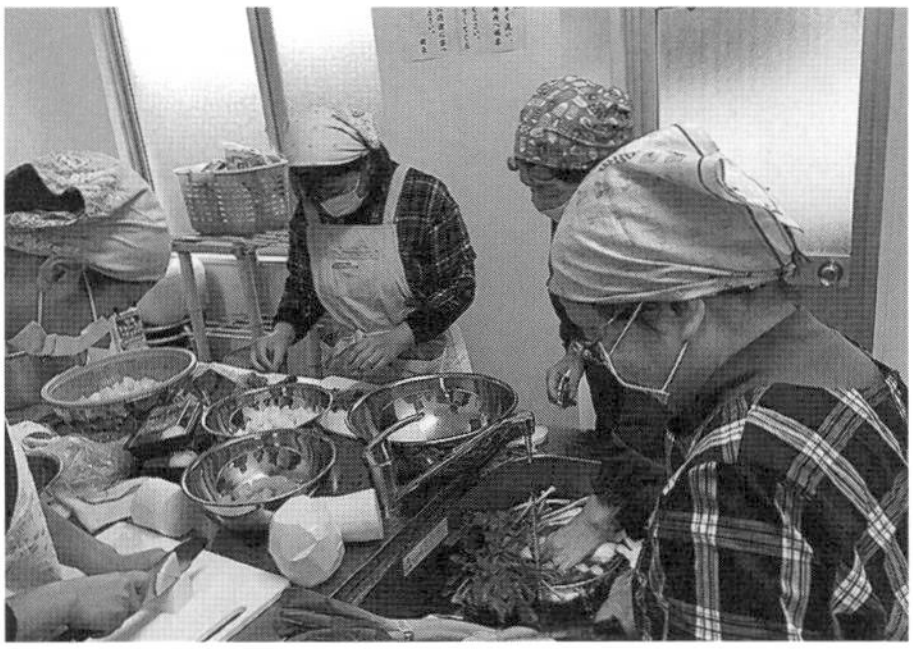

地域住民が集まり調理

も、伝えるように努力してきました。

すると、次第に「掃除機ならできるから私も手伝って帰ります」「トイレ掃除しましょうか?」「これ運びましょうか」と食後の片付けに加わってくれるお母さん方が出てきました。小さい子どもをもつお母さんも、周りのお兄ちゃんお姉ちゃんに子どもを見てもらって、片づけに加わってくれます。子ども食堂の前日や当日朝の準備があることを知って、ボランティアに来てくれるお母さんたちも出てきました。

子ども食堂の担い手が、ボランティアから子どもたち自身、お母さんたち自身にも広がっています。支援者・被支援者の線引きがあいまいとなり、ボランティアとお母さんが互いに「会えることを自分の楽しみにする」ようになったのです。子ども食堂が「みんなでつくる場所」になってきています。その手ごたえと喜びを感じています。

一方、子ども食堂を見学して、「食事に困っているような家庭ではない気がするのですが」という声をいただくことがあります。「親を楽させているだけでは。しっかり御飯を作ったり子育てしたりしなくなるのでは」という声もあります。

確かに、誰でも参加できる場なので、困りごとはない方もいるでしょう。一方で、外からは辛さが見えませんが、安心やつながりを求めて子ども食堂に参加している方もいるのは事実です。子育てをしていると、不安になったり、イライラしたり、つい大声で叱ったことに自己嫌悪になったり、時には我が子に思わず手を上げそうになってしまうこともあ

いろんな親子で一緒に食事

ります。誰しもが、そんなことがあるのではないでしょうか。

そんな子育ての日々で、母親が月に一回か二回、子ども食堂の日は料理の手を休め、その分我が子に寄り添う時間が増えます。ご飯を食べ、ゆっくり話して笑うことができます。子どもにじっくり寄り添う時間。それは、親として怠慢なことでしょうか。子どもにとって、そばにいるお母さんの笑顔は、まさに心があったかくなる元気の素です。どの子どもにも、生きる喜びが心の中に湧いてきて、明日への希望が灯されます。そんな子どもの笑顔を、子ども食堂の食卓でたくさん見てきました。子ども食堂は、親を支援する側面もあります。それは、子どもの大きな幸せに直結していると考えます。

読み聞かせに聞き入る

(二) 子どもたちの様子

「森の玉里子ども食堂」に来る子どもの割合で多いのは、小学生や幼稚園・保育園児、そして未就園の小さな子どもたちです。

そんな小さな子どもたちも、上手に自分で食べたり、ボランティアに手伝ってもらい、自分の食べきれる量を配膳したりしています。「今日はひじきがおいしかった」「のりのお汁がおいしかった」などと、意外と和食の献立も喜んで食べています。

第一土曜日は昼ご飯の子ども食堂なので、小学生以上はきょうだいや友達同士で来ることもあります。「土曜日、親は仕事で、いつもは家に五百円置いてあって買って食べてる」とか、「子ども食堂があるって知らなくて、福祉館の張り紙で知った。お母さんに電話したら『食べてきていいよ』って言ってるので、いいですか」などと、やってきた理由を教えてくれる子もいます。

友達同士で来た子も、親と来た子も、お互いに知らなかった子たちも、みんなで同じ部屋で囲む食卓。いつしか顔を合わせるうちに子ども食堂で大人も子ども同士も仲良くなっていきます。

子どもたちと食卓を囲むとき、他愛ない雑談の大切さを感じます。「今日はどのおかずがおいしかった？」「何年生なの？」「どんな遊びが好きなの？」、とりとめのないことでも、それをきっかけにして、少しずつ初めて会う子どもたちの心も緊張がほぐれ、笑顔が見られ、「顔なじみの関係」が築けるようになっていきます。

このように、子どもたちの様子を見ていると、それぞれの年代で、自分自身や自分の家族とは違う子どもや大人との関わり、「縦のつながり（親きょうだいや部活の先輩後輩のような関係）」でも、「横のつながり（同じ学校のクラスメート等の同年齢の関係）」でもない、「ななめの関係」の良さが見えてきます。

「ななめの関係」の良さ

一、乳幼児にとって

・親や家族以外に心が許せる人ができる―社会への安心感が芽生える

・自分が大切にされていると感じる―自己肯定感が育つ

二、就学前～小学生の子どもにとって

・親や家族以外から学び育つ機会―食育、しつけ、新しい体験や経験ができる

・多様な年代の人と関わることの楽しさを知る―人と関わることの喜び＝多様な人と共に生きることの楽しさを経験・実感する

三、中学・高校・大学生にとって

・学校や部活、家とは違う人と対等な関わりができる―自立、自己の開放、理解してくれる多様な人との出会い

・大人に頼りにされ子どもに慕われる―自己肯定感、社会貢献の入り口

・大人や同世代の若者の考えを知り自己の生き方を考える―進路の相談、社会人から実体験を聞ける、夢を語り応援してもらえる場

(三) ボランティアの様子

森の玉里子ども食堂には様々なボランティアがいます。様子を紹介したいと思います。

①子育てや仕事を終えた経験を生かすボランティア

子育てや仕事、人生の経験から「金言」をくださる心強い存在に、森の玉里子ども食堂は支えられています。

子育てを終え、孫がいる世代のボランティアは、小さな子どもに優しいまなざしを向け、ふれ合うことを楽しみに、毎回ボランティアに参加してくださっています。きょうだいの多いお母さんの赤ちゃんを代わりに抱っこしたり、若いお母さんたちの話を聞いて「がんばってるじゃない。無理しちゃだめよ。ちゃんと子どもは育つわよ」と励ましてくれたりする存在です。子ども食堂に来ている親たちにとって、自分

の親世代に近いボランティアの優しいまなざしや励ましの声は、ほっとするに違いありません。

子どもたちも、様々なことを教えてもらっています。「これ、なあに」「これはね、『ちまき』だよ。『あくまき』とも言うね。鹿児島でこどもの日の頃に食べるの」「ええーっ、初めて見た」「タケノコの皮で、もち米を包んで……」「へえ、そうなんだ！」。家ではなかなか調理しないような野菜を使った料理。桜島大根、みがしき、ツワ、冬瓜……、何でも教えてくれます。子どもや親にとって、食育の場となっています。お手玉、折り紙など、遊びも教えてくれます。

ボランティアのギターに集まる子どもたち

八十歳を超えても、片道三十分以上かけて、夏も冬も調理ボランティアに来てくださる方もいました。その方が「卒業」される時には、みんなで色紙を作って感謝を伝えました。「ここに来るとね、私もまだ何か人様のお役に立てると思って嬉しいんですよ」とおっしゃってくださっていました。今も時々近所でお会いすると、子ども食堂の近況をお伝えしています。

子どもたちのために、造花のリースを作って来てくださる方。お母さん方のためにエコバッグを縫って来てくださる方。子どもたちに読み聞かせるために図書館で絵本を借りてきてくださる方。子ども食堂がない日にも、子どものためを思ってくださっています。

運営者である私自身も励ましていただいています。どんなことでも「できることをしますよ。やってみましょう」と言って、柔軟に対応して下さいます。「人生の先に、このような素敵な大人になっていたい」と思うような、心の美しさとしなやかさを学んでいます。人生の経験豊かな世代のボランティアは、優しく、頼りになる存在です。

②仕事や家庭と両立させるボランティア

仕事を持ちながら子ども食堂ボランティアに携わっている方はたくさんいます。私もそうですが、仕事を持ちながら子育て真っ只中のお母さんボランティアもいます。他にも、別なボランティア活動を続けている方や、自身の夢を叶えるためにスキルアップをしている方、年に数回フルマラソンを走る方など、皆さんアクティブで、個性的です。でも、共通しているのは、優しさ、そして子どもが大好きだということです。

休みを子ども食堂の日に合わせて取ってくださり、貴重な休みは家事をしたり自分のために使いたいと思うのでは?と、活動当初はいろいろなことをお願いするのが発起人として心苦しく思うこともありました。しかし、五年経った今は、ほぼ全ての子ども食堂運営に必要なことは、完全にみなさんと分担しています。私が三女を出産する前後も、皆さんの応援があり、子ども食堂は滞りなく開催されていました。私が仕事や所用でいないこともありますが、それも問題ありません。同様に、他のボランティアも誰かがいないことがあってもお互い様です。そうやって、仕事・育児・自己研鑽・趣味など、自分の生活に必要なことの中に、皆さんが「子ども食堂での時間」を取ってくださっていることに感謝しています。子ども食堂の活動に対する手ごたえややりがい、そして自身が多様な人とつながっていることの豊かさを感じているから、頑張れます。その思いをどのボランティアとも、みんなで共有していることを感じています。

③高校生・大学生がボランティアをする意義

高校生や大学生、若い世代のボランティアが多いことも、森の玉里子ども食堂の特徴です。最初は、部活動や授業の一環で知って、参加してくれた高校生や大学生。その一部は、その後も自分の意志で続けてきてくれるようになりました。テストや部活があって忙しく、来られない時もありますが、時にはクラスの友達を誘ったりする子もいて、子ども食堂が一気に活気づきます。子どもたちは、会場に入ってくるなり「今日は○○くん来てる？　今日も遊べる？」と若いお兄ちゃんを探しています。

読み聞かせが上手で、優しいお姉ちゃんとして慕われている高校生は、校内の弁論大会で子ども食堂の活動で思うことを発表してくれました。私の母校だったので、そっと見学しました。涙が出るほど素直で温かいメッセージでした。なんと生徒や職員の共感を得て最優秀賞に輝いていました。後で録音を聴いたボランティアもみんなで喜びあったのはいい思い出です。

近所のお姉ちゃんに会うのが楽しみ

高校生や大学生の二週間の近況報告は変化に富んで楽しいものです。「資格試験に合格しました」「テスト期間なのに勉強がはかどりません」「自動車学校に通いだしました」「就職活動が始まります」「部活で後輩が入ってきました」。何を聞いても楽しくなります。ほほえましく、若さを感じます。日々の生活を、抱いている近い未来の夢を、応援したくなります。

「すごいね」「がんばってるじゃない」「結果をまた次の時に教えてね」

ボランティアも参加親子もみんなで高校生の卒業をお祝い

など、大人の反響を学生たちも喜んで受け止めているように感じます。

高校生が卒業するときには、三月にささやかなお祝いをします。色紙にメッセージを書いて、ボランティア一人ひとりがお祝いを述べ、子どもたちも拍手で門出を祝います。

五年が過ぎた子ども食堂で、高校生だった子は大学生や社会人になっています。生活が変わっても、バイトや学校、仕事の都合をつけて、子ども食堂の活動に参加してくれています。県外の専門学校生や大学生、社会人になっている子も、帰郷したときに顔を見せてくれます。

ある高校生が語ってくれた言葉が、今も忘れられません。

「学校では、『将来の夢』と言ったら、『どんな仕事に就くか』だと思ってきました。でも、子ども食堂に来て、『夢ってボランティアという形でも叶えることができるんだな』って思うようになりました」

間もなく大人になっていく高校生が、ともすると「ご飯を作り、食べさせる」「子どもも大人も一緒にワイワイ語って遊ぶ」と見えるだけかもしれない、この「子ども食堂」の活動を、

「夢を叶えるボランティア」と捉えてくれたことに驚きました。そしてその時初めて、みんなで取り組んできた子ども食堂の活動が、「普通の一市民が地域社会をよりよくしたいと願って社会に働きかけた活動」だったのだと気づかされました。

自分の身近な地域を少しでもよりよくしたい。誰かのためにできる活動をしたい。そういった思いの活動を生活の中に取り入れていく。一人一人の力は小さくても、お互いに協力して、多様な人生経験を反映させ、互いに刺激を受けて、自身の生活をも豊かにする。その姿を、若い世代が見て、共感し、参加し、引き継いでくれる。この若い世代と、これからどんな未来を一緒に創っていけるか、楽しみです。

四、課題―今後のために―

子ども食堂を運営してきて言えることは、子どもは大人以上に地域の中で影響を受けて育っているということです。子どもは、子ども食堂に歩いてやってきます。食べ終わった後も、隣の公園で同じ学校の友達と遊んでいます。車を使って自分の好きな場所へ行ける大人とは違います。子ども食堂で子どもの生活を見つめなおしてみると、改めて、子どもの世界とは、子どもが歩いていくことのできる範囲だと気付きます。大人がどんな地域環境を作っているかが、子どもの「世間」の認識を作り、成長に大きく影響するといえます。

地域の子どものために、子どもの育つ地域を豊かで温かいものにしていくことは大切です。

（二）子どもが育つ地域の「居場所」とは

①子どもの成長を見る視点が豊かにあること

いろいろな世代がいて、多様な性格・個性・価値観の人がいて、自分が関わりたい人と気軽に長く関わっていけるような、質的・量的な人の豊かさです。

②子どもが体験できることが豊かにあること

お腹いっぱい、栄養バランスの良い手作りの食事ができることを核にして、多様な体験活動ができたり、家庭とは違った立場で過ごせたりすることです。

体験活動とは、何かの専門家のプログラムを体験することだけを指すものではありません。もちろん、年に数回、食や地域、子どもに携わる方が、子どもに貴重な体験をさせてくださることがあり、それは本当にありがたいことです。それとともに、子どもが家庭や学校では経験できない、多様な人との関わりが生み出す食卓や団らんそのものが、子どもたちにとって「豊かな体験」であると考えます。

③安心・安全な居場所であること

たとえ子どもが一人で参加しても、子どももその親も安心感がもてること。そのためには、衛生面・安全面がしっかりしていること、運営者の顔が見えることが重要です。

④困っていたら、相談できる人がいること

子どもにとっての地域環境を、子ども食堂だけで全て整えることはできません。しかし、子ども食堂が地域にあることで、子どもを見守る目の数（それは子どもにとっての居場所の選択肢の数）が増えたり、子どもを取り巻く環境の質が向上したりすることになるのではないでしょうか。

子ども食堂も、地域のソフトインフラとして、地域の課題を解決していく手段の一つとなり、他の諸機関・団体・個人と連携を図りながら、子どもが育つ「地域」の質の向上に貢献していけるようになることが課題です。

そのためには、森の玉里子ども食堂の地元での活動の継続と充実を図り、細く長く実践をつづけていかなければなりません。

(二) 森の玉里子ども食堂の課題

①機能の充実

地域の子どもやその親のニーズをくみ取り、誰でも参加できる雰囲気をもちながら、相談しやすく、困りごとをキャッチできる子ども食堂の機能の充実。具体的には、地域の学校や民生委員、町内会、行政や社協との連携を継続し、さらに深めていくこと。

②子どもや親の「居場所」

子どもや親が、子どもが成長しても「居場所」として参加し続けられること(現在は小学校低学年以下の小さな子どもが中心ですが、この子どもたちが成長しても子ども食堂に関わり続けると、幅広い子どもの居場所となりうること、また、子どもが成長しても同じ「居場所」を持ち続けられることが重要と考えています)。

③**運営機能の継続**

ボランティアがどんな世代であっても、どんなライフステージの変化があっても、自身の生活の中に活動を継続できるようにしていくこと。

運営資金の保持も重要です。

④**アクセスを容易に**

ボランティアに関われなくても、子ども食堂に関心がある方がアクセスできるようにしていくこと。寄付や支援の方法、活動報告などの情報開示を充実させること。

さらに鹿児島県内の子ども食堂をネットワークの仲間と共に広げる活動を加速していきたいと考えています。

五、「子ども基本計画」への提言

民間発の、子どもを中心とした団らんのある地域の「居場所」づくりをしてきました。

（一）地域の団欒や「ななめの関係」の価値を再考し、ゆるやかだけどつながり、こぼれ落ちる子どもや大人がいない「しなやかな地域のネットワーク」を作っていくことが大切。

子ども食堂を立ち上げて活動してみると、「初めて自主的にボランティア活動に参加した」という方や、私のように「働きながらでも、できる形で地域のためのことにも参加できるなと思った」という方が多く、地域には潜在的な人的資源があることに気づかされました。

子どもを介して住民がつながり、主体的に地域づくりに参画していこうという気持ちが高まっていると感じます。近年、災害等で地域のつながりの大切さが見直されています。子ども食堂のように、子どもを中心とした地域活動は、地域に活気を与え、子どものいる若い家庭が地域に参画するきっかけにもなります。

また、一見だらだらとしているような、取り留めのない「団欒」には、時間に追われ何事も効率を重視して物事を進めてしまう現代において再確認すべき価値があると考えます。

活動内容や時間が決められていないからこそ生まれる関わりや会話があります。子どもの育ちを豊かにする「ななめの関係」も、この団欒から生まれています。食べながら、遊びながらの「ながらの場」があると、異年齢や初対面でも関わりが生まれやすくなります。団欒だからこそのゆとりは子どもに自発的に場を創造しようとする気持ちを高めています。

（二）自発性・多様性を尊重しながら、市民が「子ども食堂」のような地域の居場所・コミュニティの立ち上げや継続ができることが大切。そのために、「子ども食堂」同士のネットワークや、子どもの育成や地域づくり等の団体同士のゆるやかなネットワークの構築が必要。

その中で、「安心・安全な居場所のために必要な連携を構築するための情報や、助成金・イベント等活動を広げるための情報提供」と「価値観を共有し、仲間を増やすことや、地域で理解者を増やし、活動の目的を達成するために、自分の活動を第三者的に問い直すことをしあえる関係」がもてることは、「市民発の主体的な地域参画」を普及・強化していくことに資すると思います。

(三) 官民それぞれの強みを生かすことが、どの子もこぼれ落ちない地域を作る。

緊急性の高い家庭や子どもに関する対応は、地域教育・福祉行政にしかできないことであり、子ども食堂がいくらたくさんあっても、子どもの貧困や孤立等の問題を根本的に解決することはできません。しかし、子ども食堂は、行政の手の届かない、「問題の予防」や「グレーゾーンのケア」ができます。森の玉里子ども食堂のように、誰でも来ていい居場所としての子ども食堂は、親や子どもがほっとして日々の生活に前向きに進める「とまり木」のような場所でありたいと考えます。親や子どもが慢性的にもっている不安や疲れを癒し、励ますことができる場所。そのことで、子どもの問題行動や親の虐待等を減らすことにつながったり、取り返しのつかないことになる前にいち早く地域の民生委員や行政につなげたりする機能——それが、民間だからこそできる、子ども食堂の地域での役割であると思います。

ある地域では、子ども食堂とは違う形で、その役割を担えていることもあるでしょう。子ども食堂が必然ではなく、また、子ども食堂が「ここからここまでの機能を果たさなければならない」という決まりもありません。地域全体で、子どもを見守り育む機能を高めていこうとする時、「子ども食堂がある」と地域の問題解決の一助として考えてもらえるようになりたいと思っています。そしてその地域に合った形で子ども食堂が運営され、柔軟にその役割を地域みんなの理解のもとに果たしていけることがよいと考えます。

子ども食堂がある地域――それは、地域の子どもにとっての居場所の選択肢があり、豊かな人間関係を実感できる地域です。子どもにとって「手厚い」地域になり、どの子どもも支えることができる地域になっていくと考えます。

地域の中で温かいまなざしを感じて育った子ども。大人が、自分たちの地域を手作りでよりよくしようと模索している姿を目の当たりにして育った子ども。その子どもたちが、将来どのような地域・社会を築いていこうとするのか。子ども食堂の価値が全体として現れるのは遠い未来ですが、小さな希望と願いをもって、今の活動に邁進したいと思っています。

コラム② 家族の世代間交流の危機
―三世代の比較から―

教育について考えるとき、長期的な視点をもつ必要があります。教育がそもそも数十年先に成果が現れる営みであるということもありますが、人々の教育観が自身の幼少期の経験を土台としているので、少なくとも祖父母・親・子の三世代を通して教育の変化を見ることが重要です。そこで、戦後の親子三世代の生活史を比較して、学校経験や就業の変化についてみてみたいと思います。

図1は、現在の祖父母世代（六十代以上）、親世代（四十代）、子ども世代（二十代）の最終学歴を比較してみたものです。祖父母世代は、義務教育のみの修了者が半数以上を占め、高等教育を受けた人は僅かであったことが分かります。親世代になると高校卒業が多数となり、義務教育のみの修了者は少数派となります。二十代の子ども世代では、高等教育を修了した割合が四〇％に上るようになります。これは、戦後において、親が自身よりも高い学歴を子どもに期待してきたことの結果だといえます。

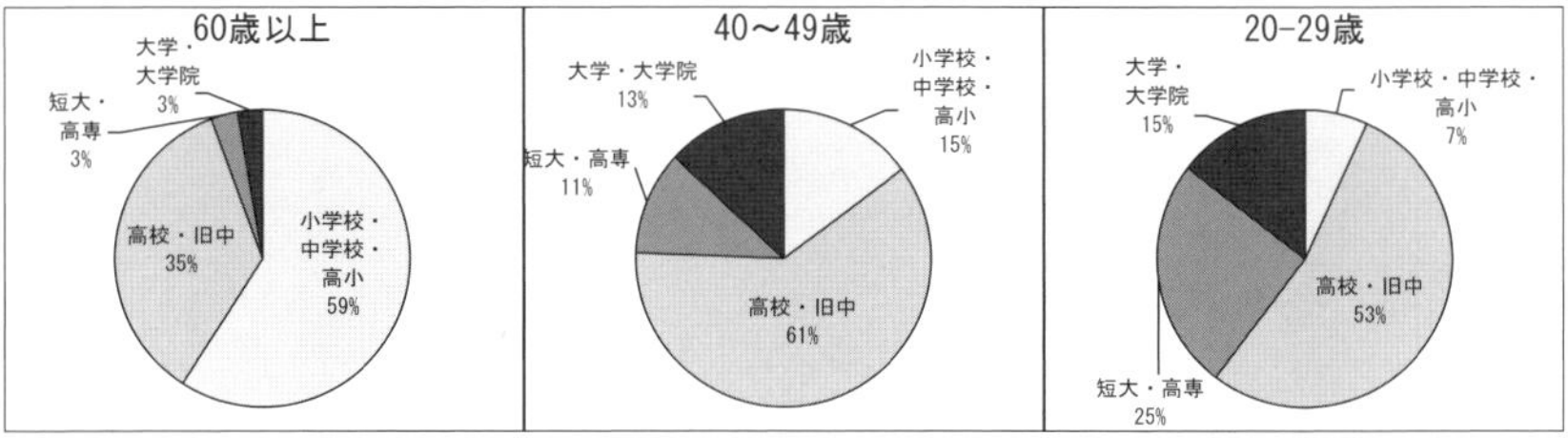

図１　世代別最終学歴（鹿児島県）

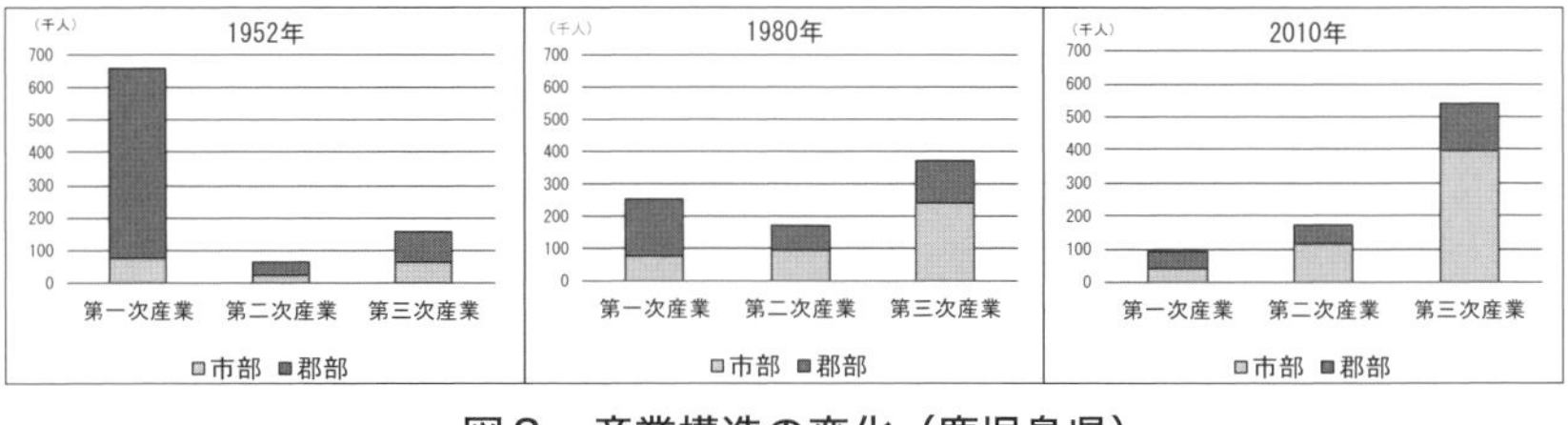

図２　産業構造の変化（鹿児島県）

また、図2をみると、若者が社会に出た際の就業状況も大きく変化したことが分かります。このグラフでは、第一次産業が大幅に縮小していることや、市部への労働集中が進んだことが顕著に表れています。つまり、親の職業とは異なる業種への就業が増加し、家庭内での労働の意味や価値の継承が難しくなっていることがうかがわれるのです。

家族そのものの変化を見てみましょう。図3にあるように、一九八〇年代から既に核家族は六割を占めていたことが分かりますが、他方で三世代世帯などの「核家族以外の世帯」の割合は、近年六%にまで落ち込んでいます。そもそも、生活の場で子育てを支える世代交流が難しくなってきているといえます。

では、家計はどのように推移しているのでしょうか。図4は、家計の支出とその内訳の割合を示しています。これをみると、二〇〇〇年代初頭までは総支出が増加するなかで食料費の割合が減少し、家計が比較的安定していたことが分かります。ところが、リーマンショック以降はそれが漸増し、反対に教育費は落ち込む傾向にあります。教育費の確保は、学歴社会にあってはどの家族においても優先されてきたものであるため、それが二〇一五年以降減少しているということは、生活そのものの維持が難しくなっている傾向を示唆しているともいえます。

以上から、高学歴化という社会状況のもとで、個々の家族は、親・祖父母世代の教育や就業の経験を直接には子の

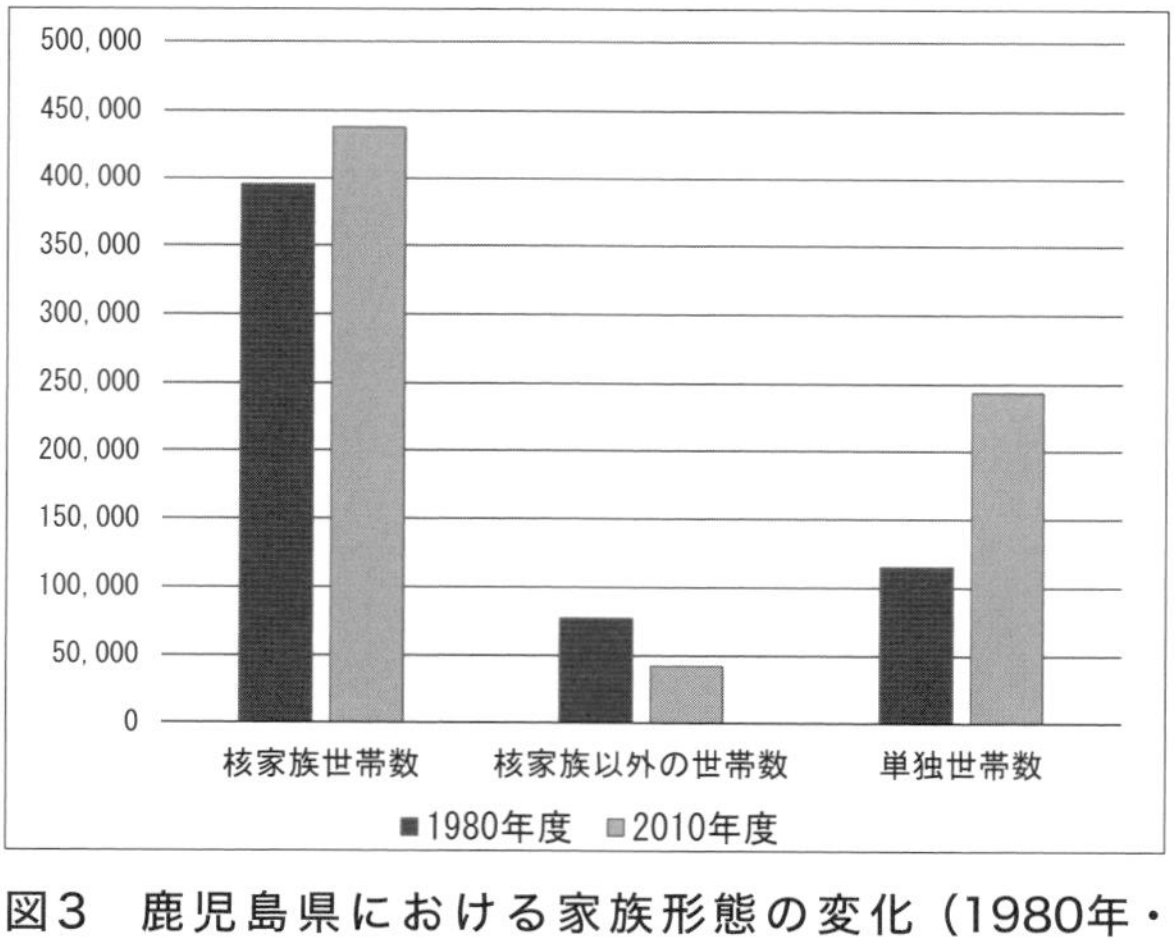

図3　鹿児島県における家族形態の変化（1980年・2010年）

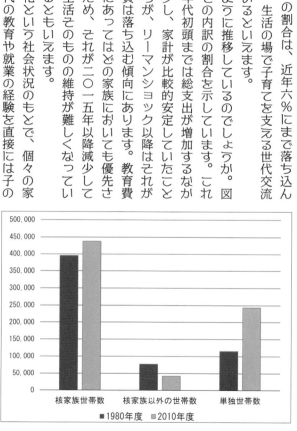

教育に活かすことができずにいること、その結果学校や教育産業への依存度が高まることで教育費の負担が大きくなっていると考えられます。このような状況では、ひとたび家計がひっ迫すれば、子どもの教育の見通しが立たなくなる事態が引き起こされてしまいます。そこで、各世代が交流し、育ちの知恵を共有する機会や場が重要になってくると考えられるのです。

※統計データはすべて「e-Stat 都道府県・市区町村のすがた（社会・人口統計体系）」による。

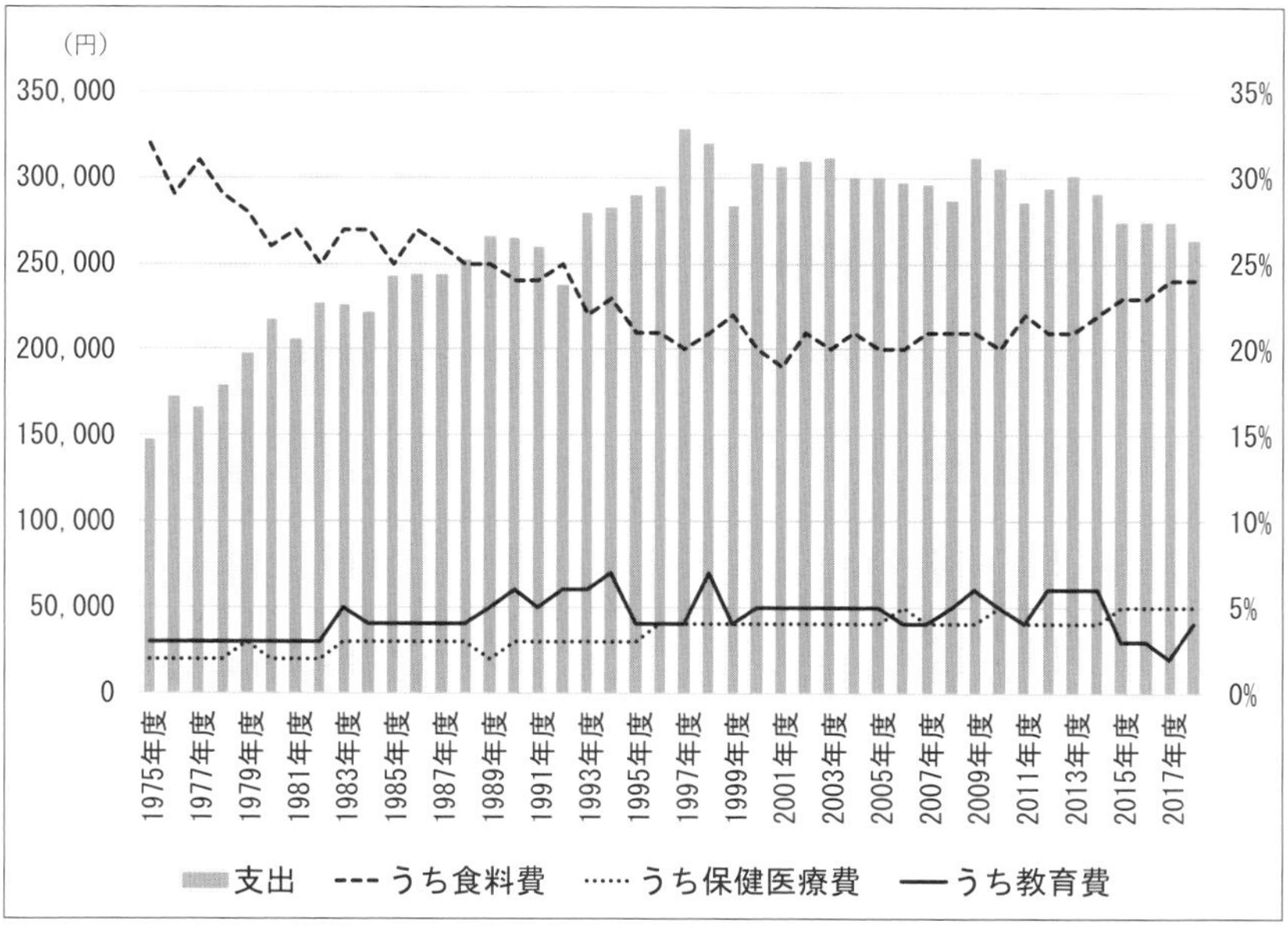

図4　支出の推移とその中に占める食料費・保健医療費・教育費の割合

第三章　芸術・文化

地域の豊かな自然と文化を自分づくりの糧に
―「子ども劇場」で育つ子どもと親たち―

鹿児島県子ども劇場協議会　深瀬好子

一、文化芸術で育つ子ども達の姿

(一) 子ども劇場とは

一九六〇年代、全国的に家庭にはテレビが普及し、漫画も多く出回りました。その影響で、子ども達が部屋の中で過ごすようになり、野山をかけまわったり、自然の中で群れて思いっきり時間を忘れて遊んだりする姿が見られなくなっていました。自分たちの子どもの頃にはなかった状況に不安を抱いた母親、教育関係者、学生らが集まって、一九六六年六月に福岡子ども劇場を設立しました。その後、子どもの豊かな成長を願うこの運動が、全国に広がっていきました。

子ども劇場が福岡で発足して六年後、鹿児島子ども劇場は、一九七二年十二月十七日「子どもに夢を！たくましく豊かな創造性を！」をスローガンに設立されました。子どもの健やかな成長のために、地域での「自主的な異年齢集団づくりの活動」と「芸術鑑賞活動」の二本の柱で活動がスタートしました。

設立総会資料の活動方針の冒頭には、「子どもたちが　自分で企画でき　自分たちで運営する会に」と書かれています。鹿児島は、設立当初二十代の幼稚園教諭や保育士、学生を中心に運営しており、子どもたちの主体的な活動をつくることを目指していました。それが土台となって、後述するように、他県の子ども劇場にはない活動も次々と生み出されてきました。また、「子どもの権利条約」が国連で採択された一九八九年以降は、特に三十一条（休息、余暇、遊び、レクリエーション活動、文化的生活および芸術に対する子どもの権利）を活動の指針としてきました。

（二）県内すべての子どもたちに生の舞台芸術を届け続ける「鹿児島県子ども芸術祭典」

①活動のはじまり

子ども劇場の様々な活動の中で、特徴的なものは、「子ども芸術祭典」（以下「祭典」と記す）です。一九七九年、国際児童年の年、「鹿児島県には会員の子どもだけではなくて、まだたくさんの子ども達がいる。一度も生の舞台に触れたことがない子どもたちにもお芝居を届けたい」と、プロとして活動している劇団と共に、種子島と屋久島に行きました。お金を握りしめて畑の中を走ってくる子ども達の姿や、お芝居をみてこれまで見たことのない反応をみせる子どもに驚きました。その時の様々な感動が語られ、離島や過疎の町・村でも年に一度は舞台に触れる機会をつくりたいという夢が膨らんでいきました。

さっそく議論を始めましたが、県全体の会議では金銭面での不安が続出しました。そこで、県内の子ども達はどのくらいお芝居を観る機会があるのか、行政はどのくらい子どもの芸術文化に予算を投じているのか、それらの実態を把握するところから始めました。すると、離島には子どものための舞台公演がないことや、そもそも県の文化予算自体がツルの餌代と同額ほどの極めて少ない額であることなどが分かり、いよいよ「自分達でやるしかない」という覚悟が決まりました。各ステージの予算を捻出するために旅費を分担したり、寄附をもらったり工夫しました。そして、子どもが一人の人間として尊ばれ、主体となって継続して活動することを目指して、県内各地に子どものための文化環境づくりの拠点としての子ども劇場をつくることを目標に掲げました。

「県内すべての子ども達に文化芸術を保障する」という目的を掲げた鹿児島県子ども劇場連絡会は、一九八九年に第一回子ども芸術祭典を行いました。半ば役員が押し切る形で行ったため、連絡会の会議の中では、お金で協力するのか、人で協力するのかという話し合いもあったぐらいでした。その過程を経て、①県内すべての子ども達が少なくとも年に一回は生の舞台に触れる機会をつくる、②地域に子どもの舞台芸術に関する人のネットワークをつくる、③未来をつくる子どもたちの理性や感性を育む、を三つの理念として、「南北六〇〇キロ、二八の有人島を含む鹿児島の子どもたちに優れた生の舞台芸術を！」というスローガンを打ち出した点が鹿児島県子ども劇場協議会の大きな特徴です。あちこちの行政で「ここは文化果てる地だから、難しいよ」と言われながらも、だからこそ、子どものための文化芸術の必要性を訴え、祭典の意義を理解してもらうことに時間をかけて、少しずつ理解者を広げていきました。地域の協力者を探すまで帰って来ないと決意し、一人で離島行きの飛行機に乗って島中を歩き回ったり、知人のつてを頼って祭典の必要性を語り歩いたことなどは、今でも祭典の歴史としてよく聞く話です。このような活動をしながら、普通の主婦たちが想いを語り合えるようになっていきました。

②子ども祭典実行委員会で子どもの参画をつくる

第一回の芸術祭典の当初から、子ども達がポスターやチラシの絵を描いたり、受付をするなど、大人の〝お手伝い〟として参画してきましたが、ほとんどの取り組みは大人達で行っていました。しかし、一九九八年の第一〇回祭典で「子ども芸術祭典を広くアピールしよう」と始まった祭典パレードで、県内各地の小学五、六年生の子ども実行委員長が集まり、「鹿児島市パレード実行委員会」が立ち上がりました。ただ、思春期入り口の小学生リーダー達が、互いにあまり知らない中で意見を積み上げていくのは大変なことです。回数を重ねるうちに、会員歴の長いリーダーらがパレードや当日の祭典をイメージしながら話し合いをリードできるようになり、少しずつ祭典実行委員会は活気あるものとなっていきました。現在、祭典パレードでは、仮装したり、楽器を演奏したり、また実行委員で製作した神輿で街中をねり歩いて地域の祭典をアピールしています。思春期の入り口にいるリーダー達の中には、仮装パレードを恥ずかしいと感じる子どももいますが、小さい子ども達と一緒に準備を重ねる中で、リーダーとしての自覚を積み上げていくようです。そして、祭典の舞台で観客に挨拶をし、自分たちが準備してきたステージを観る観客の姿を通して、やり遂げたという達成感を味わうと、子ども達はさらに次の活動にも自発的に関わるようになります。この祭典実行委員会は、中学生になる前の小学生リーダーが育つ場として、子どもの集団づくりにも大きな影響を与えています。最近では、学校の

子ども芸術祭典パレード

校内放送や教室でのアピール、さらに友だちを誘うなど、チケットの枚数を目標とする実行委員会もできました。

鹿屋子ども劇場　　大塚緋奈乃（大姶良小四年）
わたしは、祭典で楽しみなことが二つあります。劇が始まるまでに劇団の人やおとな、友達と荷物を運んだりして、お客さんが来るまで待つ時間です。そして、子ども劇場に入っていない友達や先生、近所の人たちが来て一緒にみることがとても楽しいです。今度もたくさん来てもらえるように、いっぱいせんでんします。
（ひっとべ一一六号より）

徳之島子ども劇場　　山口友明子（亀津小四年）
おきゃくさんがどんどん来るとうれしくなる。
わらい声が大きくなっていくと、わたしも思いっきりわらう。
みんないっしょだから、思うぞんぶんわらえる。
次の日、友だちとげきのことを話すのも楽しい。今年も友だちといっしょに見たい。
（ひっとべ一一六号より）

③大人の仲間づくりのための「大人実行委員会」

祭典の大人実行委員会では、自分の住む地域や学校に文化芸術が必要であると考える人を増やすことを目標にしています。「祭典の取り組みを行っていく中で、我が子の周りにどれだけの人がいるかなと考えた時、地域の大切さを感じました。たくさんの方と関わりあうことにより子どもも私も成長しました。祭典をやり続けることで繋がりあい元気な地域になっていけたらいいなあと思います」（ひっとべ一六号より、きらら子ども劇場・田頭さん）というように、祭典を通じて、変わっていく人もたくさんいます。それには、まず、仲間づくり。「大人になってから、こんなに仲良くなれるんだねえ」というのは、祭典を楽しんだ人からよく聞かれる言葉です。

祭典を成功させるための祭典実行委員会を通じて、大人も異年齢の仲間ができ、祭典当日に多くの人たちの笑顔に出会うことで、一緒に何かをする楽しさが実感できます。すると、小学校区を「自分たちの地域」と意識し、今までにない新しい「社会との関わり」ができてきます。公演のチケットを地域に広げたいと思ったら、子ども劇場のお芝居の楽しさや、自分自身のことを人に語らなければならないからです。もちろん、広げることに積極的でない人もいますが、長く関わっていく中で、大人にとっての社会参画の機会ともなり、喜びと意義を見出すことができます。

④観るだけから表現へ、発展する子ども演劇祭

子ども芸術祭典の中では、子ども権利条約、特に三十一条をもっと社会にアピールしようと「時間・空間・仲間（三間）」を合言葉に様々な取り組みを子ども達と一緒にしてきました。「観ること」も「演じること」も子どもにとってはすべて「遊び」なのだから、そこから自分を表現できる場を広げていこうと考えました。その大人達の願いは、祭典三十周年の記念の年、「子ども演劇祭」という形で実現しました。

それ以降、祭典オープニングの中に子ども演劇祭と祭典パレードを入れ込むようになり、参加する劇場も年々増えてきています。子どものやりたい気持ちを壊さずに、イメージをどのようにして膨らませて作品に仕上げたらいいのか、プロの劇団に加え、これまで表現活動について経験を重ねてきた子ども劇場の青年の力を借りながら、寄り添う側の大人も試行錯誤をしています。私たちがいつも創造力豊かに活動できるのは、劇団とのパートナーシップがあってこそのことであり、それが子ども劇場の大きな強みでもあります。

また、子ども演劇祭が始まり、子どもの表現の場が保障されたことが大きな発展であったと思います。頻繁に集まる劇づくりの活動は、子ども達を仲良くさせ、異年齢集団をつくっていきます。そして、ひとりひとりの日常生活や学校生活にまで変化をもたらしていきます。

子ども演劇祭

さらに、演劇は多くの人の手が必要となるので、親が子どもの様子を見に来るだけでなく、小道具や大道具を作ることになり、それが親のつながりをつくる機会にもなります。後述する子どものみが参加するキャンプ活動と比べて、表現活動は直に舞台で子どもの輝きや成長をみることができるので、乳幼児から大人まで異年齢のつながりをつくる取り組みとなっています。

⑤子どもの活動から大人が学ぶ

小学生リーダーを中心として子ども実行委員会が各ステージで作られるなかで、大人の責任者にとっては、子どもの活動を見守りながらも、子ども主体の活動とはどんなものかと悩みが続きます。子どもに寄り添うことは、簡単ではありません。人見知りでおとなしかった子どもが「演劇祭に出る」と宣言したり、消極的だった子どもの顔が明るくなったりする中で、大人も「三間」の大切さと子どもの本来持つ力を実感し、活動を重ねるたびに集団で育ち合うことの大切さにゆるぎない確信をもてるようになっていきます。

子ども演劇祭においては、上手に発表することが大切なのではなく、子どものやる気やイメージの世界を崩さないように、あくまでも子ども達の心の中にあるものを表現するという目的を掲げているので、そのために何が大事かを相互に振り返るようにしています。

二、思春期を生きる子ども達がつくる活動

(一) はじまり

鹿児島県子ども芸術祭典の十周年記念として誕生したのが「鹿児島県高学年子ども芸術祭典」(以下「高学年祭典」とする)です。当初、鹿児島県内の中学生の演劇鑑賞の機会は限られた中学校でしかありませんでした。私たちは、自分の人生について考え悩むこの時期にこそ、年齢にあった鑑賞機会が必要だと考えました。劇団がつくった作品を上演する高学年祭典に加えて、中高生が自分たちで舞台に立ち作品

表１　鹿児島県子ども芸術祭典と高学年祭典の入場者数の推移

年	回	会員数	高学年会員数	芸術祭典			高学年祭典			観客数合計
				観客数	ステージ数	劇場数	観客数	ステージ数	作品	
1989	1回	5,020	440	18,371	105	10				18,371
1990	2回	4,913	400	7,526	51	10				7,526
1991	3回	5,844	638	16,284	86	12				16,284
1992	4回	6,426	558	23,194	114	15				23,194
1993	5回	6,325	779	18,619	94	21				18,619
1994	6回	5,833	794	18,821	100	22				18,821
1995	7回	6,037	558	19,104	99	22				19,104
1996	8回	5,769	593	24,611	123	23				24,611
1997	9回	5,769	628	23,894	143	22				23,894
1998	10回	5,140	664	28,022	179	22				28,022
1999	11回	5,128	699	22,426	118	21				22,426
2000	12回	5,022	734	21,619	129	21	5,680	32	大人になれなかった弟たちに	27,299
2001	13回	5,159	836	23,175	134	21	1,116	1	第1回ティーンズ	24,291
2002	14回	5,049	695	22,464	132	21	5,040	30	ＯＰＥＮ	27,504
2003	15回	5,129	859	23,786	150	22	3,402	5	第2回ティーンズ	27,188
2004	16回	4,910	861	23,216	152	23	4,498	33	銀河鉄道の夜	27,714
2005	17回	4,924	993	18,555	131	23	2,568	5	第3回ティーンズ	21,123
2006	18回	4,934	904	18,998	132	23	6,122	32	知覧・青春	25,120
2007	19回	4,742	1,004	18,613	134	24	2,780	6	第4回ティーンズ	21,393
2008	20回	5,016	1,000	16,811	142	26	4,715	25	時計が止まったある日	21,526
2009	21回	4,648	1,158	13,806	116	26	2,564	5	第5回ティーンズ	16,370
2010	22回	4,840	1,266	13,577	123	27	3,665	26	ウィッシュリスト	17,242
2011	23回	4,024	1,407	16,054	125	29	4,300	9	第6回ティーンズ	20,354
2012	24回	3,507	1,275	12,739	127	27	3,258	25	君がいなけりゃ始まらない	15,997
2013	25回	3,284	1,231	13,738	123	25	3,522	8	第7回ティーンズ	17,260
2014	26回	2,884	1,107	13,586	128	25	2,825	23	せつなきおもひぞしる	16,411
2015	27回	2,585	1,090	12,533	125	25	4,000	2日間	国民文化祭参加	16,533
2016	28回	2,470	1,028	12,775	126	24	3,627	24	ちゃんぷるー	16,402
2017	29回	2,307	1,041	12,297	127	23	3,856	7	第9回ティーンズ	16,153
2018	30回	1,919	957	13,473	134	23	3,236	23	トッケビ	16,709
2019	31回	1,929	915	11,683	115	23	3,991	10	第10回ティーンズ	15,674
累計				554,370	3,817		67,538	265		629,135

ティーンズアートフェスティバル

を上演する「ティーンズアートフェスティバル」（以下「ティーンズ」とする）も高学年祭典に位置づけ、毎年交互に開催することにしました。高学年祭典は中高生を中心とした活動ですが、先に述べた小学生の実行委員会の目標としても位置づいています。小学生から子ども劇場に関わってきた子どもが増えることで、更に高学年祭典が主体的活動に成長してきました。小さい時から舞台を見続けている子ども達にとって、舞台芸術が日常にあることは当たり前となっており、自分の友達にも広げようとします。その結果、この二十年間で、子ども達が社会に目を向ける活動へと大きく進化してきました。

(二) 生きることは表現すること

二〇一五年の第一六回高学年祭典ティーンズは、「第三〇回国民文化祭」の主催事業として取り組みました。国民文化祭では、「演劇を主とした舞台表現」を行うと決めて計画したので、当初子ども達からは大きな反発がありました。今までのティーンズのように、バンドやダンスなどのパフォーマンスをやりたいと思って参加を決めていたり、そもそも国民文化祭では一時間しか与えられていないという時間的制約に対して反発したのです。しかし、話し合いを重ね、「国民文化祭なんてめったに経験できることではない」「やりたいことは別日に実現させせよう」というかたちで納得しました。そして、子ども達の脚本による舞台演劇が県内から一同に会し、八作品一挙上演という形で実現しました。最初は演劇に反対していた子ども達も、終わってみると演劇の魅力を認めていました。役を演じることで自分以外の人の気持ちを突き詰めて考えられたこと、集団で話しながら創り上げる中でお互いに気持ちを出し合う体験となったこと、そして、脚本を通じて自分たちの気持ちを表現できたことなどが、まとめの会で子どもから出されました。これまで大切にしてきた異年齢の仲間づくりや、内面を表現するというティーンズの課題に、演劇は表現方法としてより適しているということを子どもも大人も実感しました。と同時に、八作品を通して、どの地域の子ども達も共通した大きな悩みがあるということを発見しました。それは、自分の本当の気持ちを家庭でも学校の友達にもなかなか言えない、彼らの生きている世界が本当に狭いという現実でした。

しかし、二〇一九年、第二〇回ティーンズの脚本には、大きな変化がみられました。ファンタジーの中に侵略戦争の悲劇を感じさせる作品、ＬＧＢＴを題材に価値観の相違について問いを投げかける作品、のどかな島の生活を描きながら政府の政策を安易に信じることに疑問を投げかける作品など、切り口も描き方も様々でした。社会に目を向ける活動である「共通体験活動」（後述）を積み重ねてきたことが、子どもたちの血となり肉となり、その価値観を作品の中に表現豊かに描き出すことができるようになったと感じました。

（三）劇団と共同した作品づくり

二〇一四年、第一五回高学年祭典での人形劇団クラルテとの共同企画「せつなきおもひぞしる」からは、子ども達が本格的に作品づくりに関わるためにプロジェクトチームを立ち上げました。その後、二〇一六年の第一七回高学年祭典と日本児童・青少年演劇劇団協同組合との共同企画「ちゃんぷるー」の際には、大人や青年もプロジェクトチームをつくりました。新しい作品づくりの方法として、沖縄共通体験ツアーも開催、この二泊三日の共通体験が、それ以降の活動に大きな変化を起こすこととなりました。

戦争体験を次世代に受け継いでいきたいと思って企画した沖縄共通体験でしたが、子ども達の興味関心は当初観光にありました。大人と子どもの距離は縮まらず、仕方なく大人が行きたいところと子どもが行きたいところの両方を盛り込んで出発しました。首里城や美ら海水族館など子どもの希望から始まったツアーでしたが、二日目からは、辺野古の座り込みを見学してお話を聞いたり、チビチリガマ、対馬丸記念館、不屈館の館長との交流、アブチラガマ、沖縄平和記念公園など、これぞ戦争学習というようなツアーが続きました。バスの中では徐々に子ども達の表情に変化が起こり、帰ってきてからの発言も段違いに変わっていました。「価値観を一八〇度変える体験となった」と表現した子どももいました。現地で感じたことが言葉の強さとなって現れるということを実感した共通体験ツアーでした。脚本家は、この変化を「体の言葉」と表現しています。この沖縄ツアーの強烈な体験を経て、狭い世界にとらわれていた子ども達が社会に目を開くようになるには、共通体験が有効であると考えるようになりました。そして、二〇一八年の第一九回高学年祭典では韓国への共通体験ツアーを行い、「トッケビ」という作品を生み出しました。西大門刑務所やナヌムの家の見学、そして韓国の中高生との交流を通して、自分の目で韓国の文化・人権・歴史の真実を確かめたのです。。

三、子どもたちが自分たちの手で企画し運営する十日間キャンプ

（一）「子ども村」とは

子どもたちに自由な時間と空間と仲間を保障する。

自分たちの力で生活することで生きる力を獲得する。

子ども主体で、地域の異年齢自治集団をつくる。

子ども村を通して、地域で子どもに関わる大人の集団を育てる。

「子ども村」は、この四つを目的として活動しています。参加者は小学二年生以上です。高校生以上は経験の有無に関わらず指導員となり、この指導員の助言を借りながら中学生リーダーがグループをまとめていき、子どもだけで十日間を過ごします。大人は指導員と連絡を取りあいますが、別途作った大人村でキャンプをして、子ども村における子どもだけの世界を保障します。

子ども村

（二）子ども村で子ども達がつける力とは

小さな子ども達は、どのようにしたら安全にけがなく十日間を過ごせるのか、またけがをしてしまったらどうしたらいいのかなど、まず自分の命を守ることを話し合います。また、生活上の訓練も欠かせませ

ん。火焚きの練習、調理、片付け、洗濯など、難民キャンプさながらです。しかし、大自然に抱かれながら、子ども達はご飯を分け合い、労働の後の食事のおいしさや、協力し合いながら仲間と一緒に過ごす楽しさを知っていくようです。

以前は、家から遠く離れ、仲間に頼らざるを得ない状況をつくるために、与論島などでの海のキャンプを行ってきましたが、異常気象や台風のため十日間が確保できないことが多くなり、二〇一九年には初めて山の中の公園で行いました。日頃から自然に親しむ活動をしている子ども達は、何もない環境の中で、周りにある材料を使いながら遊びを生み出していきました。水道のシャワーしかなく、温泉までは往復一時間という厳しい条件も、仲間とともに楽しい日常に変える、たくましい子ども達の姿がそこにありました。

高校生・青年たちによる指導員会で、「子ども村で知らないうちにつく力とはなにか」について話し合いました。体力・生活力・主体性・協調性・報連相・価値観の違い・先導力・考える力・誰かの役に立つ・コミュ力・関係修復力・相手の気持ちを考える・周りをみる力・話し合う力・意思表示・遊ぶ力・異年齢と関わる力・自立といったいろんな言葉が出てきました。大半の子どもが、小さい頃から継続してキャンプに参加し、指導員となっています。これまでの経験が実感として身体の中にあるということが、これからを生きる上で力になる、と私たちは信じています。

(三) みえてきた課題

一方で、長期キャンプの参加希望者数は少なくなっています。行かせたいと思う大人も減ってきています。宿題が終わるか心配だから十日間なんて無理だという子どもの声もよく聞くようになりました。勉強を優先したいと考える大人も増えました。

また、リーダーを中心にグループの中で民主的に話し合いを行うことが難しくなってきています。彼らの中で「多数決」がまん延しています。大人も指導員も、その問題に気が付かないことも多くなりました。話し合いの機会が生活の中でなくなっているからではないでしょうか。これからは、大人たちも「民主的とはなんだろう」と問い、青年たちもこの問題について指導員会で話し合うことが大切だと思います。

きりしまの仲間

きりしま国分子ども劇場村長　西加直生（中一）

きりしま国分では、毎日いろんなことがありました。けんかをしたり、泣いたりしていました。でもその度にきりしまは良くなって、あの「きりしまの変」の出し物ができたんだと、けんか等が無いきれいなチームには逆に難しいのではないかと思いました。

けんか等が起きたとき、自分では手に負えなさそうな場合は、指導員に助けを求めます。指導員は難題もなくケンカを消す（解決する）力を持った人達です。甘く見てはいけない存在です。

きりしまの仲間は、一人は小さいことを気にかけてしまうときもあるけれど一番の人思い、一人は少し言い方がきついときもあるけれど一番先のことを考える人、一人は不器用な所もあるけれど何でも真剣に考える人、一人は、はずかしがりやだけど超頑張り屋という、様々な人がいる村です。きりしま村は、この仲間。

（ひっとべ一一九号より）

なりたい指導員、なりたい自分　　　　　　　　桜ヶ丘夢子ども劇場　大野和奏（高二）

昨年は、子ども達と関係を築くことができず、〝思い通り〟にならないやんちゃな子ども達にイライラし、そんな自分にも苛立ち、結局子どものそばを離れてしまった。そのことで他の指導員から注意され、それにも不満が募り、「楽しくない」「どうしたらいいのか分からない」と塞ぎ込んだ。キャンプを終えて、子ども達に「全然楽しくなかった」「もう行きたくない」と言われ、凄くショックだった。「みんなにキャンプを楽しんでほしい、そのための指導員になりたい」そう思い直した今年は、中学生リーダーと積極的に話す機会をもつようにした。なるべく子ども達のそばにいて、それぞれが直面している問題や困っていることを共有しようと努力した。そうしたら子どもの成長や笑顔を近くで見られて、ひとつになれた気がする。子どものそばにいることで、自分も成長することができた。そんな自分の変化に自分が一番驚いている！　子どもや指導員の仲間が自分を育ててくれた。対話を重ねて自分の意見を言い合えることが嬉しい。

（ひっとべ二一号より）

四、乳幼児からはじめる子どもの芸術体験

（一）乳幼児部のはじまり

子ども達の抱える様々な問題はどこからはじまるのか。人格形成の根本となる乳幼児期からみんなで育ち合うことが大切ではないかという議論の末、二〇〇四年二月、九州沖縄の他の子ども劇場に先駆けて、

ASOBBAどろんこ

乳幼児の鑑賞活動

鹿児島では乳幼児部が発足しました。日本古来の文化を伝承するわらべうたを中心とした活動だけでなく、乳幼児期の親たちに関わる担い手を育くむ乳幼児期サポーター養成講座を行っています。乳幼児部では、月一回のわらべうたを中心とした遊び会や乳幼児のサークル会、そして、年三回の乳幼児のための舞台作品鑑賞、県内合同の遊び会〝ららんるるんおひさま交流会〟、講演会などを行ってきました。乳幼児サポーター養成講座を三年以上受講した認定サポーターによって表現活動が行われ、それが積み重なって現在ではアマチュア劇団「プレイシアターもぜ」による四季折々のわらべうた作品も生み出されています。そして今では、子ども劇場の舞台鑑賞例会のみならず、県内の保育園などでも公演しています。

北欧の森の幼稚園の見学を経て、「森のようちえんどろんこ」（以下「どろんこ」）という一歳半から三歳向けの森を歩く取り組みもはじまっています。参加者は増え、二〇二〇年度からは月に三回行っています。また、就学前の子ども達を視野にいれた取り組みも考えています。サポーター講座に0歳、あるいはおなかの中にいるときから参加している親子は、一歳半から「どろんこ」に参加し、周囲を見渡す力や友だちと関わる力、わらべうたでのみたて遊び、お芝居を楽しむ力を培っています。青い布を使って水を掛け合うまねっこをして遊んだり、「かえるがいたよ」の一声でカエルの姿を想像してつかまえるまねができたり、二歳の子が野イチゴが出てくる人形劇を観て「食べたよねえ」とお母さんににっこり微笑むのは、体験とイメージがしっかり結びついている証拠だと思います。

（二）乳幼児作品の世界的動向

乳幼児部を立ち上げた頃の子ども達がちょうど十六、七歳という思春期を迎えています。ティーンズの脚本や演出などの活動で現在中心にいるのは、ほとんどが乳幼児期からの子ども達です。子ども演劇祭に総合演出として関わっている劇団「風の子九州」のあさのゆみこさんは、「乳幼児からの会員は、なぜか目を引く。舞台の雰囲気の経験値があるからかな?」と言います。世界的にも九〇年代から北欧やヨーロッパのいくつかの国では、赤ちゃんからの舞台鑑賞が行われており、劇団関係者のみならず、研究者たちとともに取り組みが進んでいます。日本でも、二〇一七年六月に施行された文化芸術基本法の中で、文化芸術に関する施策の推進に当たり「乳幼児」も対象に入れられました。子どものための舞台芸術創造団体の中でも乳幼児の作品はベイビーシアターと呼ばれて一つのカテゴリーとして急速に広まっています。

五、たくさんの人に囲まれて育ちあう子ども達

（一）和也君と仲間たち

二〇一九年五月の低・高学年合同鑑賞例会、東京演劇アンサンブル公演「はらっぱのおはなし」を上演するにあたっての講演会で、脚本家篠原久美子さんと出会いました。高校二年の和也君は、その話にとって

も感動して、県内の高校生代表の会のメンバーに働きかけて「篠原さんの会」を立ち上げました。予算立てから当日の内容まで、篠原さんと直接連絡を取り合い、実行委員とともに短期間で成功させました。

彼も乳幼児から在籍している子どもです。現在の彼の姿からは想像できませんが、小さい時は片隅にもぐりこんで、じっとしていて、お母さんを悩ませ、子どもの中に入っていかない子どもでした。小さい頃から様々な活動に関わり、小学生の祭典実行委員会、中学生リーダー交流会、高校生交流会、子ども村のリーダー、指導員と、代表として話し合いをする場にも継続して参加してきました。気がつけば、活動を共にして育ち合ってきた仲間が彼の周りにはできていました。猪突猛進型の彼の性格を良く理解し、彼を時には戒めたり、頼ったりできる仲間です。活動を積み上げてきたメンバーが会の中心にいることで、前進する方向へとグループの雰囲気をひっぱります。このような高校生や青年主催の取り組みは、参加者数も多くなります。彼らは、大人からの指示ではなく、若者同士の言葉でないと心に響かないようです。様々な劇団関係者との出会いと関係を、人生や社会を学ぶ場として自らも重要だと考えているようです。生き生きと話し合いができる彼らに、日本の未来を感じます。

篠原さんの会のまとめ　　北部みどり子ども劇場　切原和也（高二）

「はらっぱのおはなし」の事前交流会として篠原さんとお会いして、話を聞き、僕の世界が変わりました。正確には、今までぼやっとしていたものが、クッキリとし繋がっていく感覚がありました。この体験を高校生代表の会で共有しました。すると、「篠原さんを呼びたい」という意見が出てきました。僕はこの機会を逃してしまったら、篠原さんと会うことができないという、少し恐怖のようなものを感じると同時に、篠原さんとの最高の場をプレゼントしようという思いで、実行委員長になりました。

実行委員会の一回目、目的・目標・テーマを決めました。特にテーマ決めでは、実行委員がこの会をどのようなものにしたいか、というイメージを、具体的な言葉にしていけた時間だと感じています。また、チケット代や参加対象も何となくではなく、意味のあるものとして定義しました。

二回目の実行委員会では、当日に行うディスカッションのデモンストレーションをおこないました。実行委員たちがとても不安に思い、様々な視点から、ディスカッションをどう深めるかについて、深く話しました。

いよいよ当日、篠原さんは脚本講座の後というスケジュールの中、僕の中にも緊張、心配といった、重圧がのしかかっていました。しかし、篠原さんからのサポート、実行委員の全体を見通した行動がぼくにとって、すごく力になりました。結果としては、一五〇人の人に参加していただき、とても嬉しかったです。

（鹿児島市子ども劇場連絡会　第四八年度全体会討議資料より）

（二）重度の知的障害がある夕夏さんの育ち

六歳で入会した夕夏さんは、現在二十七歳。伊勢市在住で、レストランで働いています。二十歳の時の診断で発達段階は五歳児ほどと診断されている夕夏さんは、ひらがなも書けないし、漢字も読めません。幼少期は、子ども劇場の会員がたくさんいる団地で育ち、遊びもお芝居を観るときもいつも仲間と一緒でした。夕夏さん自身は、子ども劇場の活動すべてに深く関わってきました。初めて十日間キャンプに行ったのは五年生の時です。小さい時から一緒にいる子どもたちとならと参加しました。中学三年生では、しっかりもののサブリーダーと一緒にリーダーも経験しました。そして、指導員となる高校生の時、親が指導者ではない形で参加させてほしいと依頼する中で、指導員同士で話し合いがもたれました。「夕夏さんは、子どものことはちゃんとみているから同じ指導員として参加できる」という結論を出し、夕夏さんも指導員として参加しました。同じ小学校区の子ども達とグループをつくったので、親同士、子ども同士も分かりあっている中で、夕夏さんは指導員としての経験を積むことができました。お母さんは、知らない者同士なら重度の知的障害がある夕夏さんが指導員となるのは難しかったのではないかと振り返ります。指導員達が考えた通り、夕夏さんは上手には話せないけれども、子どもたちとよく遊び、気持ちに寄り添っていました。

もちろんティーンズにも全て出演しています。高校は地元の養護学校を卒業して、ある講演会をきっかけに農場体験に自分の意志で参加を決め、一人北海道で寮生活をスタートさせます。一年の体験ののち伊勢市のレストランに就職し、地元雑誌でもよく写真が掲載されています。最近よく「なぜ、臨機応変に対応できるのか」と聞かれるそうです。小さい時からいろんな年齢層の人々と関わってきた夕夏さんは、人が好きで、特に同年代の友達が好きです。だから、誰かが困っていたら自然と手が差し伸べられるし、子どもにも声をかけ遊んであげられます。今の目標は、一人で生活できるようになることで、一泊二日から始めたアパート暮らしは、今では二週間に一度母親が様子をみる程度になっているそうです。笑顔が素敵な夕夏さんはいつも楽しそうです。学校の先生と上手くいかず中学校をかわったこともあったし、高校も転校しました。いろんなことがあっても、彼女には子ども劇場の活動と仲間がいつも変わらずありました。

(三) 劇場で育ち、劇場で子育てしている美咲さん

鹿児島子ども劇場は、設立してもうすぐ五十年が経とうとしています。三世代にわたって子ども劇場の会員という人も増えてきました。最後にそんな三世代会員の中から美咲さんを紹介します。子ども劇場の中で育ち、文化芸術の楽しさや地域で育ち合うことの良さを実感している子ども達が親になり、自分の子どもも子ども劇場の中で育てようと思ってくれることは、子ども劇場の運営に関わる大人として最大の喜びです。この輪がもっと広がっていくように活動を大事にしていきたいと思っています。

わたしにとって自然なこと　谷山ひがし子ども劇場　松下美咲（二児の母）

私は気付けばもう劇場っ子で、親の話し合いがあれば子ども達は一カ所に集められ遊びながら会が終わるのを待つのが当たり前でした。思い返すと、上の子が当たり前のように下の子の面倒を見て、今みたいに託児もなかったんじゃないかな……。その頃は、私の住んでいる地域の多くが子ども劇場の会員で、公園で遊んでいてもどこで遊んでいても「あら、美咲ちゃん」って声をかけてもらって、どこかで誰かが見守ってくれている安心感があったように思います。

そして青年として活動するようになり、子ども達をどんな環境でどういう心を育てたいか、大人と青年と一緒になって来る日も来る日も考えて、話し合って、時には意見がぶつかったり。両親はもちろんですが、子ども劇場の大人の方達も皆さんで私を育てて下さったのだなと感じます。

だからこそ、今、わが子を同じ環境で育てたいと思うことは私にとって自然なことで、親だけが子育てを抱え込むのではなく、子どもの成長を一緒に見守ってくれる人がいる。親も子も一緒に育ててくれる仲間がいることが、安心して子育てができる環境ではないでしょうか。

私にとって、その環境が子ども劇場です。

（ひっとべ二一一号より）

六、「子ども基本計画」への提言―四〇周年記念誌「子どもは無限大」より―

私たちは、芸術と文化における子どもの権利が次のようにあると考えます。

子どもに関わるすべての人に呼び掛けます！

＊すべての子どもたちのために芸術文化の拠点をつくることにするが―。
保育所・幼稚園・小学校・中学校の施設が地域の文化拠点となり、地域に開かれた子どもの活動の場として使えるようにしましょう。
＊すべての子どもたちが年一回、生の舞台芸術に触れる機会をつくるようにするが―。
保育所・幼稚園・学校へ通う子どものため、少なくとも年一回は、いつどんなときでも、どこに住んでいても、生の舞台芸術を享受できる機会をつくるようにしましょう。
＊どんな子どもも芸術文化を享受し表現活動ができるようにするが―。
遠隔地、過疎地、離島に住んでいる、障がいのあるなし、また病気で入院しているなどの事情に関係な

く、どんな子どもでも芸術文化を享受し表現する具体的な場を、みんなで提供しましょう。
＊そのために　大人たちが手をつないでいくがー。

乳幼児のためのフェスティバルを行っているイタリア・ボローニャ街へのラガッツィ劇場の提言を参考にしてつくりました。「するがー」は鹿児島弁で「一緒にしよう」の意味です。

子どもたちの願いを実現できる街に

子どもたちが歩いていけるところに
自然があってなんでもできるスペースがあったらいい
どろんこ、水あそび、穴掘り、ままごと、火おこし、キャンプ、すみかづくり
そこは、乳幼児期からわくわくどきどき、出会いのあるところ

舞台も音楽も映像も、あそび道具も、ものづくりも
話し合いも、スポーツも、子どものための図書館もほしい

ひとりぼっちのときは、そこにいけば、
仲間がいて、やりたいことがどんどんひろがる

しらない世界を知り、しってる世界が広がる
そこは、大きなお姉さんお兄さんたちがいて、
日が暮れるまで遊べるところ

そこは、子ども会議があって
自分たちできめて運営するところ
企画したことを実現し、
おとなたちの協力を得る機能をもったところ

そんな芸術と文化の場を、子どもたちの生活圏に

コラム③　子どもの絵は言葉―「ピカソ」の歩み―

子ども美術教室ピカソ　宗紘一郎

（一）教室の誕生

心のままに描く子どもの絵には沢山の思いが込められ、絵に耳を添えると子どもの声が聞こえてきます。形や色を自由に使って描く絵にはどの絵にも優しさや力強さ、息づかいを感じることができます。

障害のある子どもたちの絵画教室が生まれたのは二〇〇四年の秋でした。障害のある子どもたちの保護者七人で作る小さなサークルに呼ばれて、子どもたちと絵を描いたり陶芸をしたりしました。大きな画用紙とアクリル絵の具・筆（刷毛のような大きな筆）を自由に使って何を何枚描いてもいい教室でした。

言葉を話すことができない子も、自由に腕を動かすことのできない子もいましたが、どの絵にも心が宿り力にあふれていました。子どもの絵を見て、この子達に陶芸をさせてみたらきっと楽しんでくれるかも、と思い陶芸の時間をつくることにしました。

粘土をいっぱい用意し絵のように自由に作ってもらいました。たたいたり押したりして粘土と遊ぶなかで、大皿や小皿、椀などがたくさん生まれました。これを穴窯で焼くと素晴らしい作品ができ上がっていました。絵をあわせて作品展をし、多くの人に見てもらおう、ということになり、加世田の石蔵を借り展示会を開催しました。多くの方に見て頂いた上に、陶器類の多くは和風レストランで購入して頂き、お店で利用してもらいました。

今まで誰からも評価されて貰えなかった子どもたちの絵や陶芸作品が好評だったことで、毎月このような教室を持ちたい、となって生まれたのが「子ども美術教室・ピカソ」だったのです。

物の形を正確に表現することはできなくても、絵具と筆を使い、思いを表現するのは、この子たちにとっては難しいことではないようです。描かされる絵ではなく、自由に何枚描いてもいいし、描かなくてもいい。教室ではボランティアの高校生に抱っこされたまま時間を過ごす子もいましたし、周りの子の絵を見ているだけで時間が過ぎてしまう子もいましたが、それも歓迎される教室がありました。

(二) 教室の子ども達

教室には前面にブルーシートが敷かれています。絵具をこぼしたり投げたりしてもいいようにです。腕を大きく動かして絵具を飛ばしていますが、それを注意するよりもシートを敷くことで描く気持ちをそぐことなく見ていることができます。

鹿児島市と南さつま市でそれぞれ月一回の教室が開催されています。鹿児島市は星が峯にある市の障害者福祉センターふれあい館、南さつま市は市民会館です。どちらも十時から始まり、前半はお絵かきで後半は毎月領域の異なる創作活動をしています。陶芸・工作・版画など毎月変わります。

教室には絵具(容器に入れたアクリル絵の具)と筆(太い刷毛)、そして何枚描いてもいい画用紙が準備されています。他にパスや水性ペン、スタンプなどもあります。画用紙は一〇〇枚ほど準備します。一人で四七枚描いた子もいました。それもただ「おやつ」の三文字を色を変えて描いたのです。描いたあと四七枚を教室いっぱいに広げた時の満足そうな顔はとてもいいものでした。何を描いてもいいし、何も描かなくてもいい。そんな自由な教室ですから一年間に二〇〇〇枚ほどの作品が生まれています。

子ども達の活動は、教室終了時に親がその日の子どもの様子を簡単に記録しています。初めてのテーマヤ、色使い、隣の子との会話などが記録され、絵と共に文章で子どもの成長が残されています。

同じテーマで描き続ける子もいます。トーマスを二年間、通行人を一年以上、四角いテニスコートのような絵を二年近く……。信号機や標識などを何年も描く子もいれば、全国の天気予報を日本地図の上に描く子や漢字だけを描く子もいました。色を変え大きさを変えながら、しっかりと「絵」として表現されているのでびっくりさせられます。

教室にはボランティアの方が毎回駆けつけて下さいます。子ども達の描く様子をにこにこと見て下さっています。こうしたら?この色を使ったら?などの言葉はありません。手の平に絵の具をぬりポンと押しただけで終わる子にも「もう少し描いたら……」とは言いません。赤い画用紙に赤色で描く子にも、描いていくうちに全部が一色になっても、完成してから破いたとしても、です。

粘土で動物をたくさん作り最後に一匹ずつ手の平で叩いて全部つぶしていく子、パスで描きながらパスのカスをまとめて小さな動物を作った子もいました。カスをとるためにごしごしと擦って絵を描いたのです。

名前を画面いっぱいに漢字で書いた子がいました。お母さんも誰の名前なのか分かりませんでしたが、最後になって担任の名が書かれて、養護学校の全教師の名前だと分かりました。廊下にかけられている名を覚えていたのです。

ある決まった店のチラシにしか描かない子、家のちり箱の紙の裏に描く子……、子ども達の中にはそんな楽しいこだわりを持つ子もいました。お店に残りのチラシを貰いにいったり、描いてほしい紙をちり箱にそっと捨てたりする親など、親もまた楽しんでいました。

テレビで流れる株式のニュースを毎日見ている子は、お母さんに「○○の株は今上がってるよ」と教えてくれます。生年月日を聞いて、その日の曜日を当てる子もいれば、一度聞いた生年月日、星座を覚

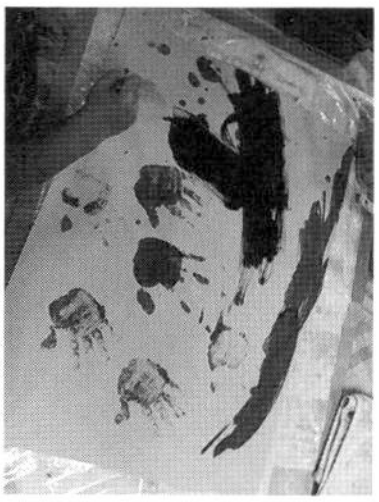

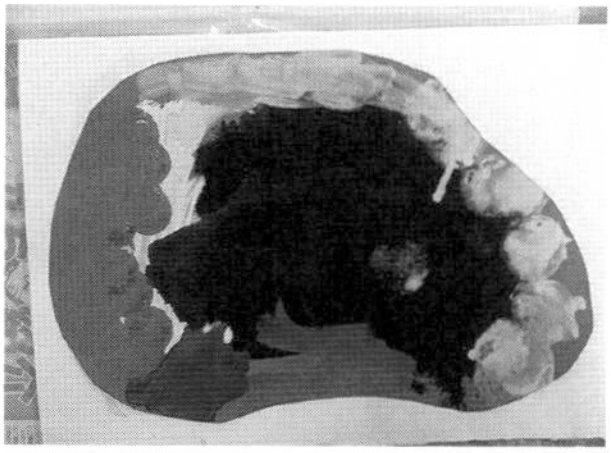

える子、数年前や後の月日を言うとその日が何曜日が言える子……。ピカソの教室にはそういう不思議な力を持った子もいます。

そういう子達が描く絵ですから、絵にどんな思いがあるのか思いを巡らし、絵に寄り添う時、子どもの絵から多くの言葉が聞こえてきます。

(三) 絵本「こころのえほん」の出版など

五年前、子ども達の絵にお話や詩を添えて頂いて一冊の本にしました。教室で生まれた絵を並べ、新聞の紹介で知った方々が好きな絵を選んでお話を書いて下さいました。障がいのある方や障がいの子を持つ親などたくさんの方が会場においでになり絵を選んで書いて下さいました。女優の竹下景子さん、作詞家の湯川れい子さん、島唄の朝崎郁恵さんなど、県外の方々も含め多くの方が書いて下さいました。一枚の絵に二人三人が書いたものもありました。

出版され大きな反響を頂きましたが、種子島の方から「私の孫は本に紹介されているような絵をいつも描いていました。ただの落書きのようで絵はいつも捨てていました。でも、本に書かれた文を読み、どの子の絵にも素晴らしいお話があることを知り、今まで捨てていたことを恥ずかしく思いました……」と電話をもらったことが一番の嬉しいことでした。

一冊の小さな絵本でしたが、どの子の絵にも心があり、お話が生まれる優しさがあると多くの方に知って頂くことができたと思っています。

毎年開催されている「ピカソっ子作品展」ではコンサートをあわせてしていますし、子どもの絵で作るカレンダーも多くの方々に利用されていて、障がい児の絵の素晴らしさを見て頂いています。子ども達や保護者の喜びや夢を周りの方々と共に作っていけることも「ピカソ」の大切な活動の一つになっています。

開設されて十七年経ちますが、子ども達は開設当初と同じように楽しんで絵を描き、陶芸や工作に挑戦しています。月に一度の教室での活動ですが、表現する喜びや教室の交流など学校では体験できない時間があることを喜んでもらえたら嬉しいです。多くの子は少人数の教室でしか生活することがなく、帰宅後も家族だけの交流ですので、幼児から高校生（高校卒の子も）が一緒に生活する時間はきっと楽しい時間となっていると思います。

作品展をしたりカレンダーとして利用されたりすることで、表現する喜びと自信を持ち、これからの生活の力になってくれるよう願い、支援して下さる多くの方々と共に新しい一歩を歩んでいきたいと願っています。

八十歳になってやっと子どものように描けるようになった——ピカソ
私の絵を、まるで子どもの絵のようだ、と言われていることは私への最大の賛美です——マチス

第四章　自然学校

子どもも親も教師も育ちあう自然学校

―「どんぐり自然学校」の学校づくり―

鹿児島国際大学　内山　仁

一、「どんぐり自然学校」設立への思い

(一) 全日制の設立にあたって

鹿児島は南北六〇〇㎞に広がる活火山の島々を持ち、そこに住む生き物たちは太古の昔から共存して暮らしています。どんぐり自然学校は、今から二十八年前（一九九三年）にできた幼稚園「どんぐりのいえ」がきっかけです。そこでは、小さな森の中にヤギや鶏や動物たちと、自由に伸びやかに育っていける環境をつくり育ててきました。

子どもたちは、喜びに満ちた生活をのぞんでいます。幼稚園や土曜クラスで育った子どもたちが学校に通い始めると、年々、肩を落として元気がなくなり、時間に追われ、友達と遊ぶことも、ましてや自然と遊ぶことすら出来ない状況を見てきました。学校では「できる子」「できない子」の評価を気にし、宿題を必死にしても間にあわず、どんどん子どもたちが小さく丸まっていきます。やりたい遊びもできないでいます。

「学童期の子どもたちが、毎日楽しいなと思える、そんな学校があったらいいな！」と思い、動きだしました。子どもたちが未来に希望が持てる社会であって欲しい、そういう社会を子どもたちと共に築きあげていこうと願い、二〇一〇年四月にどんぐり自然学校（全日制）を設立しました。二十八年前の「どんぐりのいえ」の発足の時と同じ、子どもらしいのびのびとゆったりとした時間があり、その子自身が輝けるものを大切に、父母達と協力しながら歩んでいます。設立時、四人の子どもたちが、毎日生き生きと、自分で作った弓矢で遊んだり、ターザンごっこ、「二連穴の竈を掘って」火を焚いて燻製作りをしたり、楽しみながら学び始めました（週一回は野外での食事作りも）。「自然を愛し、仲間を大切に、そして自然と共に生きていく力を身につけていく」が、どんぐり発足時からのテーマです。

動き出したことによりたくさんの出会いがあり、喜びもありました。ホームスクーリングで子どもを育てられ英会話を楽しんで教えてくださる先生、伝統芸能や音楽の分野の指導者、歴史、国文学、農業、手仕事やお話の専門の親、職人技の方、たくさんの協力者に出会った子どもと私たちです。この仲間たちの「おもい」と温かい「愛」に包まれて成長していった子どもたちです。

設立の年の冬、鹿児島に雪が降りつもる日が続きました。桜島に美しく輝く雪をみながら、三学期はその前の年に出会った高橋素晴さん（十四歳で太平洋をヨットで単独横断した）の協力で竹を切り出し、竹小屋作りや遊び場作りを楽しみました。

（代表・永綱ユミ子「愛・輝いています。どんぐり自然学校（全日制）」を一部改変）

（二）響きわたる幸せな声

吉野の住宅街の一角に残された緑いっぱいの所にどんぐりのいえを設立してから十二年目のことです。二〇〇一年十一月、幼稚園だけでなく、学齢期の子ども達に合った空間・環境をつくって子ども達の要求に応えられるよう、活動が広がるようにと、「建物づくり実行委員会」を発足し、具体的な建物の構想や資金作りに知恵を寄せ合いました。

また、学校週五日制の完全実施とともに、その受け皿となる場の一つとして、休日に、小学生以上の子ども達が自然体験や芸術体験を持てる場としての「とんとんクラブ」をより充実、発展させていくために、二〇〇二年四月より「どんぐり自然学校」を休日に開校しました。支える会「木の会」会員の支援を受けながら、二〇〇三年には、幼稚園二十二人、自然学校三十四人となりました。

①どんぐり自然学校づくり

子ども達の居場所がほしいと願っていたのですが、財政的にもきびしく、作って下さる大工さんも見つからない状況が続く中、二〇〇二年二月、「気持ちのいい大工さんがいるよ」と出会ったのが、大工棟梁の田地行鐵男さんです。田地行さんは、初対面にもかかわらず、現地も見ず車の入らない所と承知しながらも即座に引き受けて下さったのです。その上、郡山町の不用になった築十年の家屋の構造材をいただけることにもなり、田地行さんとその仲間、どんぐり関係者など約六十人程の手で、解体し、どんぐりの庭へと運んだのです。そして多くの方々の協力と援助によって、ついに二〇〇三年七月、どんぐり自然学校の建物ができあがりました。私たちの夢が実現したのです。

②夢の実現までの声（父母一人ひとりが力を合わせて！）

大人も子どもも共に力を合わせて建物づくりに関わりました。

子ども達も一緒に祈願した地鎮祭、手作りのおもちと料理でみんなでお祝いした上棟式、親子で身体いっぱい汚しながらも得意満面で塗った壁、まるで開墾時代のような木の移動や土手の階段作り、いっぱいいっぱい汗をかきました。「おやつ食べるより壁塗りしてたほうが楽しいよ」と左官屋さんになりきっていた子ども達。構想の段階から参加していた子ども達は、「寝ていても星の見える窓がほしい」「雨でも火焚きできるかまどがあるといい」「ロフトで遊んだり寝たりしたい」など夢を語り合い構想画を描いたりしました。

お母さん達も「雨でもものづくりのできる部屋が欲しい」「いろりを囲んでものづくりやお茶を飲みたい」など夢をふくらませました。

お父さん達もいろいろな思いをもちながら貴重な体験をし、充実した時間を過ごしました。その声をひろってみました。

③お父さん達の声（通信より）

「一年半近くにわたるどんぐり自然学校の建設に、端緒から完成までの節々で参加させていただいた。民家の解体にはじまり、木の移植、柱や梁などの骨組みの組み立て、屋根組み、上棟式、外壁の柿渋塗り、内壁の土塗り、そして階段づくりなど、合計すると延べ十日程、どんぐり自然学校の建設を手伝わせていただいたことになる。（略）木の移植は、数時間もあればできる仕事とたかをくっていたが、あにはからんや、想像以上に大変なもので、とても一日で終わるような仕事ではなかった。福永さんのおじいちゃん（造園業）の指導のもと、「大きなかぶ」の話にでてくるように、みんなで力を合わせてはじめて木を動かすことができた。みんなで協力し合うことの大切さや楽しさを実感するとともに、立木が根をしっかりとはって力強く生きていることを再認識した」（八木さん）

「なかでも棟上げのときの四本の梁を組み立てる仕事の手伝いが、とても印象に残っています。（略）クレーン車のない昔は、こうやって家を一軒ずつ建てていたのだと思うと感慨深いものがありました。（略）【壁塗り】自然学校の子ども達と一緒に塗ったのですが、とても難しかったです。塗っても塗ってもむらができてしまい、とてもあせりました。（略）子ども達も一生懸命塗っていました。きっと忘れられない体験として子ども達に残るのではないでしょうか」（有村さん）

「【建材運び】本当にたくさんの父母が協力して、子ども達のために一生懸命汗を流した。そんな親の働く姿を、一緒に来ていた子ども達はしっかりと見ることができたと思う。また、子ども達も手伝いを頼まれると、進んでやってくれた。やがて終わりの時間になり、みんな疲れた表情ながらも、心地よい充実感に満たされていた」（園田さん）

「【階段づくり】次の日仕事から帰って来ると、昨日参加できなかった長男（幼稚園児）が玄関先までやって来て、「階段、お父さんが作ったの」と何度も聞かれ返事をすると、とても満足そうな顔で、「そうなんだ。おとうさんすごいね。今日みんなで見に行ったよ」と言った。その言葉を聞いて、昨日の疲れも吹き飛んだようだった」（桜井さん）などなど。

このように自然学校づくりに主体的に参加したお父さん達から喜びの声、発見の声がたくさんでました。どのお父さんも、力をだしあい協力して汗を流してかかわったことを誇らしげに語っています。充実して楽しくできた建物づくりのとりくみは大成功でした。

今回お母さん達の声はのせませんでしたが、お母さん達もお父さん達と同じくらい、あるいはそれ以上に力と知恵をだしあいました。そして財政部を中心に楽しみながらビーズを作っては売り、バザーをしたり、せっせと資金作りをしました。すごい力を発揮し、今も続けています。

親も子も一緒になってつくりあげた自然学校で、心から良かったなあと思っています。

④どんぐり自然学校での子ども達

どんぐり自然学校は、子ども達の生きる力を十分に引き出し、ものを発見する喜び、探求心、好奇心をよびおこし、想像と創造力を豊かにしていく場、仲間と共に新しく喜びあい、互いの人格を尊重しあいながら育っていく場、四季折々の自然を生かした遊びや芸術活動を取り入れた学ぶ場を土台にしています。子ども達は異年齢の仲間の中で、自然の中での体験を通して成長していきます。

当時の活動を紹介しましょう。

⑤どんぐりでの子どもの生活の一こま

・どんぐり、こまづくり
秋、広場はどんぐりの実がいっぱい。早くやってきた六年生がどんぐりを拾い、コンクリートの上で底をこすって平らにし、キリで穴を開け、どんぐりごまを作り始めました。手慣れていてとてもよく回っています。次々とやってきた低学年の子ども達も真似て作り始めました。皆、熱中して作っています。

一年生がキリで穴を開けるのはなかなかです。よく回るこまを作った三年生は大得意。一年生は苦労して穴を開けても、斜めになったりしてぶれてよく回りません。それでも根気よくまた作り始めます。

上の子が「穴を開ける時は、持たないで横に置いてするんだよ。あぶないから」と教えてやったりします。そしてあちこちでこま回し合戦が始まります。異年齢ならではの伝承遊びの光景です。

・つり竿作り

広場の竹林から自分の竿に適していると思う竹を選んで各自切り出します。太さや長さを教えたり切り出す手伝いをするのは慣れている高学年の子達。枝や葉を落とし、焚き火でいぶし反りをつける。浮きや重り、針を付け仕掛けを作ります。なかなか細かい作業なので、ここでも高学年の子達は手伝いに大忙し。でも文句を言ったりしないのです。自分たちもそうしてもらってきたからです。年下の子を見守ることは当然のこととして受けとめます。

・薫製作り

大きな穴を掘ってトンネルを作り、縄文時代の薫製作りをしました。二つの深い穴が壊れずにつながった時には子ども達から歓声が上がりました。いぶした煙で涙を流しながら作った薫製はとてもおいしく、縄文人はおいしい食べ物を食べていたんだなあ、と感心しあいました。

・野焼き

野焼きはまるで一つのおまつりのようです。広場に大きな穴を掘り、親たちの力を借りながら準備したカヤ、わら、籾殻、薪をくべて、家族総出で見守りながら、六時間以上も燃やし続けました。窯出しの時には、まだぬくもりのあるところから、わくわくしながらていねいに、そーっと自分の作品を探し出しました。ところどころ黒くこげた素朴で味わいのある作品、一部熱で欠けてしまっていても大切な宝物になりました。

・夏の屋久島キャンプ

一学期のはじめにグループに分かれて、竹で箸やコップ、水筒を作ったり、かまどでの料理作りをしたりしながら仲間づくりをしていきます。子ども達は仲間の中で成長し力をつけていきます。特に高学年の子ども達は、どんなキャンプにするか、自分の目標など話し、意見がぶつかった時は互いに言い合い、自分自身のことを振り返り、仲間のことを分かろうとし、一人ひとりが考えを出し合いながら実現していきます。実現するまでの準備は、実現した時、「やって良かったなあ」という達成感につながっていくのです。

「屋久島キャンプ」６〜９年生は、それぞれ屋久島の植物や動物など、研究テーマを決めます。ヤクスギランドではヤクスギを中心に学びを深めました

年間を通した活動の中で仲間づくりができて、一人ひとりのおもいを大事にする優しい心が育っています。互いをおもいやる精神が子ども達のなかに育っています。これは今までの活動を通して確かに言えることです。

⑥ある日の自然学校

この三月の連休に、自然学校では、新一年生を迎えて一泊キャンプをしました。どんぐり幼稚園を卒園したばかりの新一年生は少し早めに来て、広場の夏みかんを採り、マーマレード作りを楽しみました。夕方、三々五々と集まってくる子ども達。四十人の子ども達が新しくできた自然学校の教室で輪になり歌い、自己紹介をしてから、いつもの始まりの言葉と動きをします。「私は一本の光の柱です。暖かな熱を大地にそそぎます。そして、心と心を一つに結びます」

繰り返す中で、子ども達は自分の中に中心を持ち、大地にしっかりと自分の足で真っすぐに立つようになります。

グループに分かれ肝だめしをしてから、小さい子達を間に入れ、寝袋や毛布にくるまって眠りました。そして、六年生以上の男の子達は、ロフトで声を潜めながら遅くまでおしゃべりを楽しんでいました。

翌朝、近くの神社まで散歩し、桜島と朝日を眺め、ひょうたん鬼ごっこなどひとしきり遊んでから朝食、そしてうどん作り。どの子も自分で作ったものを食べたくて、全工程を自分でしました。

「うわあ、うどんみたい、おいしい！」

「うどんよ。だってうどん作ったんだもの」

心配そうな顔で迎えに来られた新一年生の親に、

「昨夜はお父さんと二人でゆっくりと楽しく過ごされたでしょう」

と言うと、その女の子はすかさず、

「ううん、私の方が楽しかったよ」

と満足した晴れ晴れとした顔で言い、帰っていきました。

⑦育ってきたもの、そしてこれから

これからどんぐり幼稚園卒園児が多くなり自然学校の子どもも増えてきます。

自然学校を拠点として、親や教師が一体となって、子どもをとりまく環境を整備しながら、自然を感じながら、文化的、芸術的体験が続くようにしていきたいと願っています。

子ども達は異年齢の仲間の中で、存在感ある「私は私でいいんだ」という、そして「あなたはあなたでいいんだよ」という体験の中で、一人ひとりを大切にする精神が育っています。子ども達は、今まで育ち合ってきたものを互いの中で高めあって、ここちよさを感じ生き生きとしています。自分らしさを発揮して楽しさを実感している子ども達、そして仲間の中で培われたものが力となって、認めあってまるで兄弟姉妹のように育っています。十年の中で育ってきた子ども達が生きる力をつけて活動していくのを、見守る親集団も、大きな視点で子どもを育てています。

どんぐりでは、「ものづくり会」や、乳幼児から大人までの異年齢の人達が集い、手作りで四季を味わい、楽しむ場として「つくって遊び、つくって食べよう」の「つくつくの会」など、自然の中で体験する場があります。親集団が子ども集団と同じくらい輝く場を求めつくっていこうとしていることは、とても心強いことです。親たちは、「子ども達はいっぱい体験して成長しているけれど、自分たちも自然の中で、もっといろいろ体験して成長していきたい」と話しています。

最後に、自然学校の建物はできましたが、まだ借金やら運営資金やら考えていかなければなりません。これからも皆様の温かいご支援とご協力をお願い致します。

耳を澄ませてみて下さい。ほら、どんぐりのいえからたくさんの幸せな声が聞こえてきますよ。

（教師・内田恵美子「響きわたる幸せな声―どんぐりのいえ十一年目を迎えて―」二〇〇三を一部改変）

二、教師たちの思い

(一)「どんぐり自然学校」での十年間

「どんぐりのいえ」ができたのは、今から約二十八年前のこと。私が小学三年生の時でした。「いっちゃん、幼稚園つくるからね」そう言ったのは、今の代表の永綱です。私の母と永綱が、友人たちの力を借りて、吉野の地に幼稚園をつくったのでした。まだ幼稚園生だった私は、「私も入れるかな」とワクワクしていたのを覚えています。無情にも、幼稚園ができたのは、私が小学三年生の時でした。

最初は、幼稚園生が五人程の幼稚園でした。私も、おまつりや卒園式などの行事の時には参加し、楽しませていただいていました。だから、「どんぐり」と一緒に、育ってきたような感覚があります。

小学生だった私は、土曜日に開催される「とんとんクラブ(土曜クラス)」に参加していました。土曜日には、仲間作りをして、毎年屋久島キャンプに行ったり、竹細工を作ったり、編み機を作ったり、陶芸をしたりと、とても楽しかったのを覚えています。その反面、いつも最年長で、リーダーになることの多かった私は、グループをまとめることの大変さも経験しましたが、今では、どのような子どもでも仲間になることの大切さや、障がいがある子どもに対しての接し方も学んだことに、とても感謝しています。障がいがあるからこそ、私はその子どもたちから学ぶことも多かったし、障がいがある子どもは、感受性が豊かで、私の方が助けられていたのかもしれません。感謝しています。

このように、大学生まで、土曜クラスで経験を積んでいきました。そして、私が社会人二年目の頃のこと、広島の幼稚園で働いていた私は、体調を崩し、鹿児島に帰ってきていました。そして、シュタイナー治療教育家の内山恵さんがいらっしゃるドイツへ、療養のため渡っていました。その後、私がドイツ滞在中に、恵さんが仕事で日本へ渡ることになり、私は、どこへ行こうかと迷いました。そして、思い立ったのが、イスラエルでした。それは、どんぐり幼稚園に遊びにいらしたことのある、アビシャグ・モールさん（イスラエルのキブツ（共同体）でシュタイナー幼稚園教諭や指導者をされている方）の所へ行くためです。そして、そこで三カ月程過ごした後、イスラエルから日本へと帰る時がやってきました。その時、永綱が言いました。「いっちゃん、学校つくったから」と。自分の夢を追い続け、それを実現してきた永綱と、一緒に歩んできた母は、すごいと思います。

さて、このようにして、どんぐり自然学校が約十年前にできました。そして、イスラエルから鹿児島に帰ってきていた私は、どんぐり自然学校の教師になりました。最初は、中学二年生のS君と小学五年生のYくんの二人が入学しました。七月には、小学三年生のWくん、九月にはTくんが入り、四人になりました。私は、十月頃から、小学三年生二人の担任になりました。その次の年には八人、その次の年には、また子どもの数が増えていきました。

そして今、幼児園十二人、小中学部二十三人の子どもたちがどんぐり自然学校に通っています。シュタイナー教育とは、何なのか。私たちは、何を大切にして教育をするのか。どんぐり自然学校らしさとは、何だろうか、など、教師間でも毎週水曜日の教師会で、子どもについて、自分自身について語り合いながら、私たち教師も成長してきました。

また、シュタイナー教育音楽治療教育家の竹田喜代子氏やシュタイナー教育で言語造形などをご指導されている鈴木一博氏、シュタイナー教育治療教育家の仲正雄氏や内山恵氏など、各講師陣に支えられ、教師陣も育てられ、育ってきました。

今、私が思うのは、教師も人間らしくいられることの大切さや、子どもや親と共に育つことの大切さです。当初は、「こうしなければならない」とか「教師とは、こうあらねばならない」など、自分で自分を縛りつけていたような気がします。今も、大切なことを忘れかけていると、そうなってしまう自分もいます。でも、いつも目の前にいる子どもたちが、大事なことを教えてくれます。有り難いです。

どんぐり自然学校は、このように、いつも愛に包まれて、自然と共に、仲間と共に育ってきました。「自然を愛し、仲間を愛し、平和を愛する子ども」、この精神が、子どもたちの中に、私たちの中に、育っていきますように。そして、これからも、子どもたちが目の前にいる限り、私たちは教師でい続けられます。子どもたち、ありがとう。そして、どんぐり自然学校が、子どもたちの中に、いつまでも愛と共にありますように。

（教師・内田郁子「どんぐり自然学校での十年間」より）

(二) 教師たちの願い

どんぐり自然学校に通う園児、小中学生、卒業生を見ていて感じることは、「世界に対して自分を開いているところ」がとても素敵です。子どもらしい子ども。若者らしい若者の姿があります。どんぐり自然学校を卒業した高校生や大学生、働いている若者たちが、世間の荒波にもまれながらも、自分を大事にしながら、それぞれの「我が道」を探し、歩んでいます。

異年齢による仲間たちとの自然体験によって、見守り、見守られる関係性の中で、自然、世界に対する

「屋久島キャンプ」屋久島のキャンプ村に着き、グループごとに、キャンプでの目的や目標を発表します

関心・興味が育まれます。また、自分自身のやりたいことを仲間の力をかりて実践していきます。一人ひとりの子どもの姿、状態に応じ、学びを進めていきます。また、週一回の教師会を中心に、子どもたちの姿、様子について、よく語り合います。より深くその子自身の質、課題などを理解していきます。教師集団は、子どもを通して育ち合っています。

（教師・柴田超工「今、育ち合う子どもの姿を通して思うこと」より）

自分で感じて、自分で考えて、自分の責任で行動できる人間が育っていってほしいという願いがあります。

それは、早くできること、ただ正確にできること、まちがわないこと、他者より優れることが目標ではないということです。自分がやりたいことに向かっていくこと、自分のやっていることに納得できる、ということです。そんな人間を育んでいくために、幼児期には、ゆったりたっぷり自然を体験すること、リズムのある暮らし、温かく守られた雰囲気、不必要なものから守ることなどを、大切にしています。そして、教師や親など、大人自身が変化成長していくことを大切にしています。

（教師・神田悟「教師として、人間としての教育作りの中で」より）

(三) どんぐりの森で

町の中に残された小さな森は、かつてはそのあたりが季節の移ろいを丁寧に見せてくれる豊かな風景を持っていたことを偲ばせる。

そこでは木々や草花の花が咲き、実が落ちる。地に埋もれた実のいくつかが小さな芽を出しているのもそこここに見える。思いがけないところに頭を出した竹の子に、戸惑いながらも整地する子らの手つきは頼もしい。

「筏作り」。４年生になると、筏作りに取り組みます。ペットボトルや竹を使い、麻ひもで結って、丈夫な筏を作ります

また、生きものの世話をすることで自ずと弱いものへの心配りを養い、木々に戯れて遊ぶうちに自然の懐の深さを感じているはずだ。

一年生から九年生までの縦割りの活動が多く、皆で意見を出し合いながらものごとを進めていく。少人数で過ごす最大の利点である。

ある日、季節の移ろいを「俳句」に詠んでみようと投げかけてみる。子どもたちは深い眼差しでなじみ深い森を見直す。季題を心にとめて木々の光を見、風の声を聴く。ある子は小屋の屋根に腰掛け、隣ではある子が、手ごろな木の枝にまたがる。その下では、落ち着きなく歩き回っているだけのように見えて、実は浮かんだ句をときおりノートに書きつけている子がいる。感じたことを自由に十七文字で自分らしさを表現する。その後の句会でのお互いの句の鑑賞も大きな楽しみである。

またあるときは行事を終えて作文を書く。自分の伝えたいことを段落ごとに構成する力もついてきた。推敲の仕方を学び、より適切な言葉を選ぶことも上手になってきた。人間として言葉で誰かとつながる手ごたえを感じるとき、日本語を母語とする喜びを得ることができると思う。そのためには基礎的な読み書きの力を身につけていかなければならない。読書の好きな子が多いことが大変嬉しい。

やがては独り立ちして生きていかねばならない。そのときに、自分を自由に表現し、他人をきちんと理解し、受け容れることができるような確かな学力をつけたいと願っている。

（国語専科講師・真辺典子「どんぐりの森で」より）

三、子どもたちの育ち

（一）子どもたちで実行する修学旅行

どんぐり自然学校では修学旅行も子どもたちの自主性により実施されます。行き先から日程、利用する交通機関から旅費まで子どもたちが決定します。必要なお金は部分的に「財政活動」でまかないます。当日も教師は随行しますが、子どもたちの後をついていくという姿勢で臨みます。次の文章は、二〇一九年五月十一日〜十三日に実施された修学旅行（熊本・長崎）を終えて、七年生の染川瑚春さんがまとめたものです。

＊＊＊

私は、五月の十一日から十三日、二泊三日で初めての修学旅行に行きました。

一日目は熊本城に行ってみんなでお城のまわりを見学しました。所々地震の影響でくずれていて、そこで災害の怖さを知りました。

そして、ジャンボタクシーで草千里ヶ浜へ行きました。そこで見た景色がきれいでした。走って丘にのぼって全体を見わたしてみると、三六〇度全て広々とした風景でした。なのでカメラでたくさん写真を撮りました。

その後、またジャンボタクシーに乗って阿蘇火山博物館に行きました。そこでは、阿蘇のカルデラについての映像を見て、熊本のカルデラは、世界の中でもすごく大きいのだなと勉強になりました。

それから、ジャンボタクシーに乗り、大観峰に行きました。大観峰は初めてで、みんなと一緒に集合写真をとりました。その集合写真は、大人になっても宝物だと思います。ジャンボタクシーに乗り、いづみちゃんのおばあちゃんのペンション「根子岳山想」に行きました。そこでの、夜ご飯が豪華すぎて払ったお金ではとてもたりないのではないかと思うくらいでした。その夕飯の内容は、ステーキ、なす焼き、フルーツの交じったサラダ、白ご飯などでした。たいへん高級な気分を味わえておいしかったです。

二日目の朝食も豪華でした。ヨーグルト、かぼちゃの煮つけ、魚の焼き物、白ご飯、納豆、おみそ汁などでした。夕食も、朝食も全て完食できるくらいおいしかったです。その後、根子岳山想をチェックアウトして、長崎へ高速バスで行きました。

長崎に着いて電車で大浦天主堂へ行きました。そこでは、かくれキリシタンのことやキリスト教のことなどが少しだけ学べました。キリシタンもふみ絵などもあって大変だったのだろうなと思いました。

次にそのすぐ近くにあるグラバー園のことはあまり調べて行かなかったので、よく分からなかったです。そこが反省点だと思います。

そして、いったん「インターナショナルホステルあかり」にチェックインして、電車で新地中華街へ行きました。どの店へ行ったかというと「江山桜」という店に入って、皿うどんを食べました。皿うどんは、えみ先生がお小使いにと言ってくださったお金でおごってもらいました。すごくおいしかったです。中には、肉だんご、えび、にんじんなどぐだくさんでした。少し、甘くておいしかったです。

三日目、朝は寝坊しました。なぜかというと、あかりのベッドの寝ごこちが良かったからです。そこも、もう一つの反省点です。

そこから、電車で、長崎平和公園に行きました。平和記念像がけっこう迫力があって、不思議な感じがしました。その後、三角柱（原爆落下地点）に行きました。広場の中心に柱が立っていて、当時、この原爆が落ちた時どんな様子だったのか、と思いました。次に、すぐ近くにある原爆資料館に行きました。まず最初に時代を逆上るスロープがありました。そこで、入場券を買ってガイドさんを待ちました。ガイドさんが来てくれて中に入りました。一番最初に教えてくれたのは、原爆が落ちた時間でした。一九四五年、八月九日十一時二分。落ちた様子が分かる爆弾で止まった時計がありました。その後も色々な事を分かりやすく教えてくれました。特に印象に残ったものは、黒くこげた弁当箱です。それは三□（消えている）と名前が書いてある女学生の弁当箱で、中には黒こげになったご飯が入っていました。ガイドさんが思ったことらしいのですが、「八月九日の朝、いつもは麦米などを食べていた女学生は今日は特別と言って白い銀シャリを弁当箱につめて、飛行機工場に行って仕事をして、今日は早く帰っていいよと言われたので、早く家に帰ってご飯食べたいなと思っていたときの帰り道に原爆が落ちてきて、お弁当が食べられなかった」という話です。ガイドさんは、「せめておいしいお弁当を食べてから落ちれば良かったのに」と思ったらしいのです。それを聞いて、私は、いつも白いご飯を食べているのがすごく幸せだなと思いました。

その後、ガイドさんが二十分時間が余っていたので、「長崎原爆死没者追悼祈念館」に案内してくれました。そこには、原爆で亡くなられた人の名前が書いてある紙が入っている塔のようなものがありました。そこで思ったことは、原爆で亡くなった方々は、どのような気持ちだったのかな、すごく熱くて水がほしくてたまらなかったのかな、ということです。やはり、今の人たちは、水も自動販売機ですぐ買ってすぐ飲める。そんな幸せな生活ができる時代に生まれてよかったなと思ったり、もしかしたら前世、兵隊だったかもしれないと思ったり、なんだかすごく複雑な気持ちになりました。

その後、出島へ市電で向かいました。出島では貿易のことを学びました。特に面白かったのは、羽根ペンで、文字を書いたことです。友だち二人がすごく上手でびっくりしました。次にお昼ご飯を食べに出島ワーフに向かいました。でも、みんなが、「もうコンビニでいいよ！」と言ったのでコンビニで買いました。それから、市電に乗って、長崎駅に行きました。そこでお土産を買いました。どんなお土産を買ったかというと、「クルス」というクッキーのようなお菓子です。家族へのお土産にいいと思って買いました。みんなどんな顔をするか楽しみです。

そして、長崎駅から高速バスで熊本城へ行きました。

熊本駅に着いて、ここでも、夕飯を買ったり、お土産を買ったりしました。その間にけっこう時間がすぎていたようで、新幹線に乗り遅れてしまいました。急いで、駅員さんに次の新幹線の時間を聞いて、郁子先生に連絡しました。そして、新幹線へ乗りこみました。

鹿児島に着くと、お母さん、お父さん、先生方がむかえてくれました。私は、そのとき、修学旅行が終わったな、という気持ちになりました。色々なことがあり、でもそれを乗りこえてこれて、まあまあ頑張ったかな、と思いました。

この修学旅行は大人になっても忘れない行事であるといいなと思いました。

（七年・染川瑚春「修学旅行で学んだこと」より）

四、保護者の思い

（一）子どもの目が輝きだす

私には子供が二人おり、姉がこの学校を卒業して今高校二年生です。姉の方は小学三年生から七年間お世話になっていました。息子は今この学校の五年生に在籍しています。どんぐり幼稚園の時からお世話になっています。

私たち家族は東京に暮らしていた時にシュタイナー教育と出会いました。

私自身に聴覚障害があり、その生い立ちを見つめなおす機会が多かったことと、同じ障害を持つ子どもたちとのかかわりが多かったこともあって、子どもとの向き合い方や教育システムについて考える機会が度々ありました。

聴覚障害があったのですが、地域の学校に通う中で私は子ども時代を自分らしくいきいきと過ごした記憶がありませんでした。我が子には子ども時代は十分に楽しく過ごしてもらいたいという思いがありました。本屋でシュタイナー教育の本を見つけ、シュタイナーに惹かれ、たまたま住んでいたところから車で十分くらいのところにシュタイナー幼稚園があるのを知りました。未就学児のためのクラスを設けていたのでそこに娘を連れていったのが、シュタイナー教育との出会いです。

その後都合で鹿児島に帰り、鹿児島で子ども達の学びをどう保証するか情報を集めていたところ、どんぐり自然学校を知りました。

「学年祭」。２・３年生は、聖フランチェスコの劇にとりくみました。楽しみながら、なりきってとりくめました

私は鹿児島生まれで、吉野で育ってきたのですが、知っているはずの住宅街にこんなに自然豊かな環境があるとは全く気が付きませんでした。体験入学では、自然豊かな環境の中での学びや仲間たちとの深い関わり合いを通して、東京にいた時よりも子どもたちの目が輝きだしていきました。

子どもたちがありのままの自分でいられる。子どもらしさを大切にできると確信したので編入学を決めました。

この学校で子どもたちに感じていることは、自然豊かな教育環境やシュタイナー教育の学びの素晴らし

「稲刈り」。あっという間に、みんなで楽しみながら刈りました

さだけではなく、学校生活の中で「言葉」をとても大切にしているということです。

子ども達は日々の学びの中で「言葉」の意味や使い方を座って学ぶのではなく、「言葉」が持つ語感や響きといった音の部分を、身体を使ってリズムをとりながら、または耳を澄ませながら「言葉」の奥深さを体験していっているように感じました。

そういった学びを積み重ねている子どもたちを前にして、私は親も意識して「言葉」を使うこと、丁寧に心を込めて話すことを学ばされていることを感じます。自分が怒っているときやイライラしているときは難しい時もありますが。

子どもたちの姿を通して親も自分自身の在り方を振り返り、それを親同士で、または先生方とも共有して学べる、自然学校はまさに子どもとともに大人も成長していく場です。

昨年、どんぐり自然学校で学年祭という学年ごとの学びの取り組みを発表する企画がありました。当時小学四年生の息子は、劇の取り組みを通していつも一緒に過ごしているクラスの仲間の成長を学年祭の本番当日に実感して、「すごいよ、○○くん！　成長しているんだよ！」と仲間の良さを認める力がついてきました。大人でも人それぞれの良さを認めあうことが難しい場合があるのに、子どもたちは自然学校の中で人間関係の深いところも学んでいると感じ、学校の子どもたちを誇らしく感じました。このあいだ高校二年生の娘が言っていたのですが、どんぐりでは友達に対して陰で小ばかにしたり悪口を言ったりしなかったよね、むしろ、その人のよいところを見つけたり、出来たことを褒め合ったり、自分がやりたいことや夢を話すことが多かった、といってました。

どんぐり自然学校を卒業していった娘は、ここで多くの自然体験や仲間との人間関係などの学びを土台にして、将来の目標を自分自身で決めて、今自分に必要な力は何か、自分の足できちんと歩くにはどうしたらよいか、自立に向けた力をどう発揮していくか、模索しながら奮闘しています。

わが子の成長だけではなく、この学校は子どもも大人も共に自身の成長と未来への希望に向かって歩むためのまたとない場所であると実感しています。

（保護者・岩山真紀）

（二） 先生方や大人たちの視線

どんぐり自然学校では長男の俊介と次男の鉄崇が大変お世話になりました。

どんぐりに入って親として一番感じたことは「子どもは親だけでは育てられない」ということでした。どんぐりで過ごした七年間、長男も次男も、先生方や友人たち、たくさんの大人たちに本当に大事にされ、愛され、なんてしあわせだったことでしょう。どんぐりに来る前までは、周りの人たちに我が子を理解してもらえず、「この子の良さは自分たちが分かってさえいればいい」と思っていました。

どんぐりの先生方や大人たちのすごいところは、その視線です。子どもの一見、目に見えにくい良いところを見逃さず見つけてくれる天才なのです。たくさんある中のエピソードを一つだけご紹介します。

九年生の時のサイクリングで長男は先頭を任されました。コースは錦江湾高校から、知覧峠を越え、枕崎の火の神公園までを往復するハードなコース。小学五年生を含む全員が完走した時、ゴールで迎えた先生の言葉に感激しました。

「俊介くん、ありがとう。あなたがみんなの体力を考えながらスピードを調節したり、青信号でも全員が渡るには難しいと判断した時は止まって待ってくれたり、いつも全体のことを考えながら走ってくれたおかげで全員完走することができました」と長男をほめて下さったのです。その言葉がその後の長男にとってどんなに大きな自信につながったことでしょう。こういうことが日常的にありました。だからどんぐりの子どもたちは、自分も友だちも大切にしながら、自分らしく過ごすことができるのだと思います。

先日、次男の高校で、「あなたが通っていた学校はどんな環境でしたか?」というアンケートがあり、次男が書いたものを読んで、涙があふれてきました。

「小さな森の中にある自然がいっぱいの学校」

「みんな家族」

家族のようにあたたかく子ども達を育てて下さった先生方、子ども達を囲むすべての方に感謝の気持ちでいっぱいです。

たくさんの愛情をありがとうございました。

（保護者・諏訪紀代美）

五、「子ども基本計画」への提言―これからの「どんぐり自然学校」―

どんぐり自然学校は今、新たな課題と向き合っています。それは、不登校になっている子どもたちや発達に困難を抱えている子どもたちが、以前にも増してどんぐりに集うようになってきたということです。どんぐりでは、これまでもこのような子どもたちを引き受けながら教育活動を行ってきました。内田恵美子さんは、幼稚園の立ち上げの頃を振り返って、次のように語っています。

現在の社会では、ハンディのある人たちはさまざまな場面で区別されています。「幼少期に、ハンディの有る無しに関係なく一緒に過ごせたら、大人になっても身近な存在として感じられるのでは」とずっと思っていたんです。（中略）大人は、ハンディのある子を前にすると最初オロオロします。でも子供たちは「この子はこんな子なんだ」とそのまま受け入れるんです。手の差し伸べ方も上手で、本人ができることは本人にさせて、できないことだけ手助けする。大人が学ぶことはとても多いです。

（上薗登志子『ガハハおばさんの直感随想録』二〇〇九より）

どんぐり自然学校のこれまでの経験は、地域の学校や教育委員会からも頼りにされてきています。課題を共有し、子どもたちのより良い育ちに向けて協働する関係がすぐそこまできています。また、独自の教育理念を持ちながら多様な子どもたちに対応していく難しさは、多くの「オルタナティブスクール」と共通した課題であり、どんぐり自然学校が他の教育機関とも手を取り合っていきながら、未来を拓いていくでしょう。

コラム④　子どもの居場所づくり

日本の学校は、子どもが自分の足で通うことを前提に学区を定めてきました。つまり、学校は子どもの生活圏に必ず存在するものであったといえます。ところが、少子化時代に突入し、学校統廃合が進んだことで、学区の考え方も変わり、スクールバスの導入などにより拡大しています。このような動向は、子どもの居場所＝学校というこれまでの常識を変えつつあるといっていいかもしれません。

鹿児島の戦後の学校数の変化を示した表1では、特に小中学校において顕著に減少していることが目を引きます。一九六〇年代のピーク時に比べると、小学校は約一八〇校、中学校は約一四〇校の減となっています。また、幼稚園は、他校種と違って私立が五割を占めますが、少子化に加え、二〇一五年度の「子ども・子育て新システム」（いわゆる「幼保一体化」）以降、園数の減少が加速して、一九九〇年代に約三〇〇園であったのが、現在では半数以下となっています。高等学校については、教育機会の拡大が図られた一九七〇年代には一〇〇校を超えていましたが、二〇〇〇年代に入ると高校再編政策のなかで約二〇校の減となっています。このように、学校数の減少は、とりわけ郡部では「子どもの居場所としての学校」の喪失という問題として浮上していると考えられます。

一方で、少子化により、鹿児島県内の児童生徒数は全国的にも少

表１　学校数の変化（鹿児島県）

年度	幼稚園	小学校	中学校	義務教育学校	高等学校	専修学校	各種学校	特別支援学校
1950	16	559	301	—	96	—	53	2
1960	88	685	364	—	97	—	97	2
1970	147	645	331	—	107	—	90	4
1980	281	613	306	—	107	37	48	16
1990	296	609	300	—	102	41	27	16
2000	285	610	288	—	105	47	13	16
2010	255	596	267	—	95	52	7	16
2020	146	507	226	7	89	42	4	17

注）鹿児島県企画部統計課「学校基本統計」より作成。2000年以前の特別支援学校数は盲学校・聾学校・養護学校数の合計である。

なく、小学校で一学校当たり一七六・三人（全国三位）、一学級当たり一八・七人（全国四位）となっています（令和元年度の数値）。その意味では、少人数の学級でゆったりとした教育を行う条件はあるといえるのかもしれません。しかし、学校が置かれている状況は単純ではありません。図1は、県内小中学校の長期欠席者の推移を示していますが、いずれも増加傾向にあります。中学校は二〇〇〇年以降一五〇〇人を超えており、その多くが不登校によるものであることが分かります。さらに、近年では、小学校においても長期欠席児童が増加しており、その背景として不登校が病気を上回る動向があります。つまり、学校が子どもの居場所になるためには、これまで以上に工夫や変化が求められているといえるのです。

　図2は、第六回二十一世紀出生時縦断調査（平成二十二年出生児）より作成したものです（厚生労働省、二〇一五年）。これは五歳六カ月児の「遊び場所調査」ですが、「友だちの家」や「空き地や路地」が少ないことが目立っています。そして、自宅以外の幼児の遊び場として、公共施設や商業施設が多いことがわかります。つまり、友人宅などインフォーマルに、安心して遊べる場所の確保が難しい状況があるといえるのです。

　学齢児童だけでなく、幼年期の子どもにとっても「居場所」の確保は容易ではありません。そのことは、子育て中の親にとって

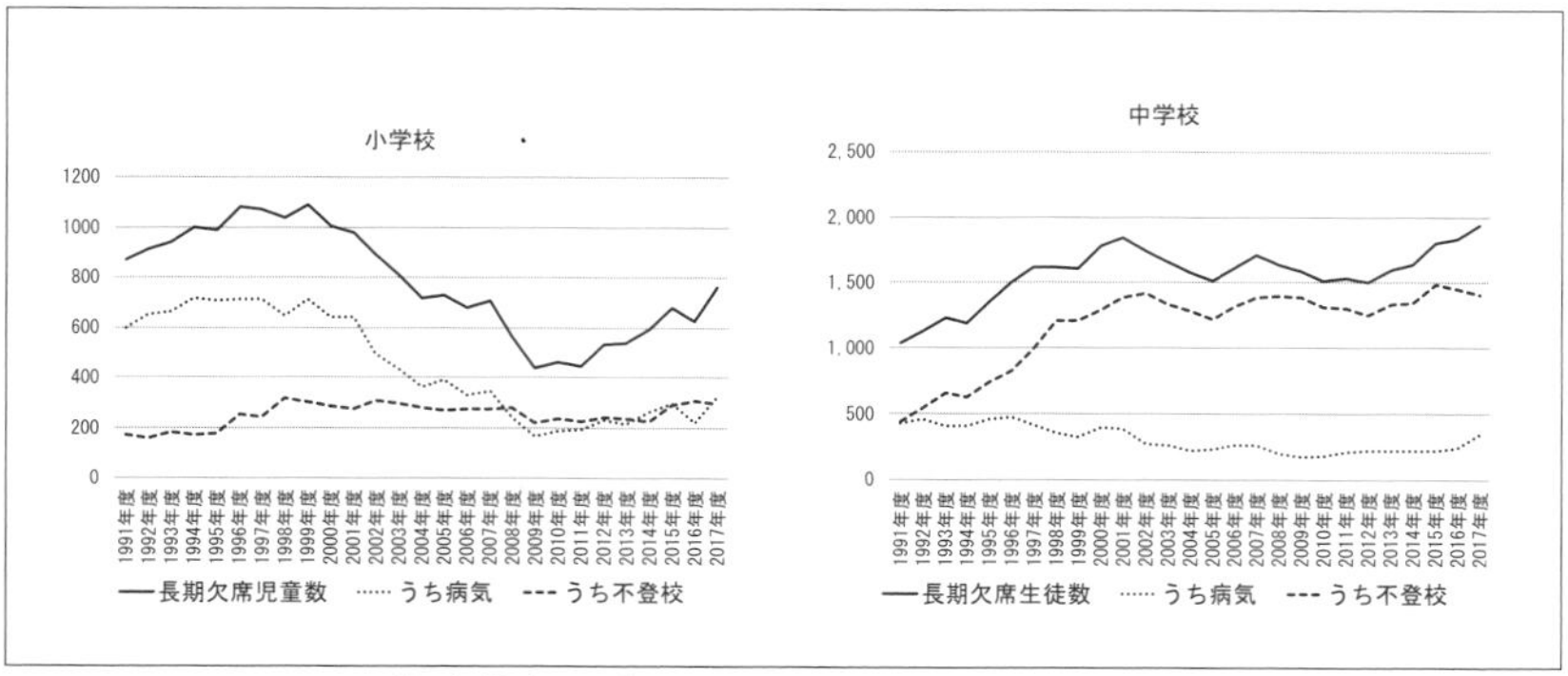

図1　義務教育段階の長期欠席児童の推移（国公私立）

注）「e-Stat都道府県・市区町村のすがた（社会・人口統計体系）」より作成。

も負担となっています。「子どもの居場所づくり」は、学校や専門家にまかせるだけでなく、子どもや親自身が安心して集える場を求める活動として模索する必要があり、ひいては地域づくりにつながるものであるといえます。

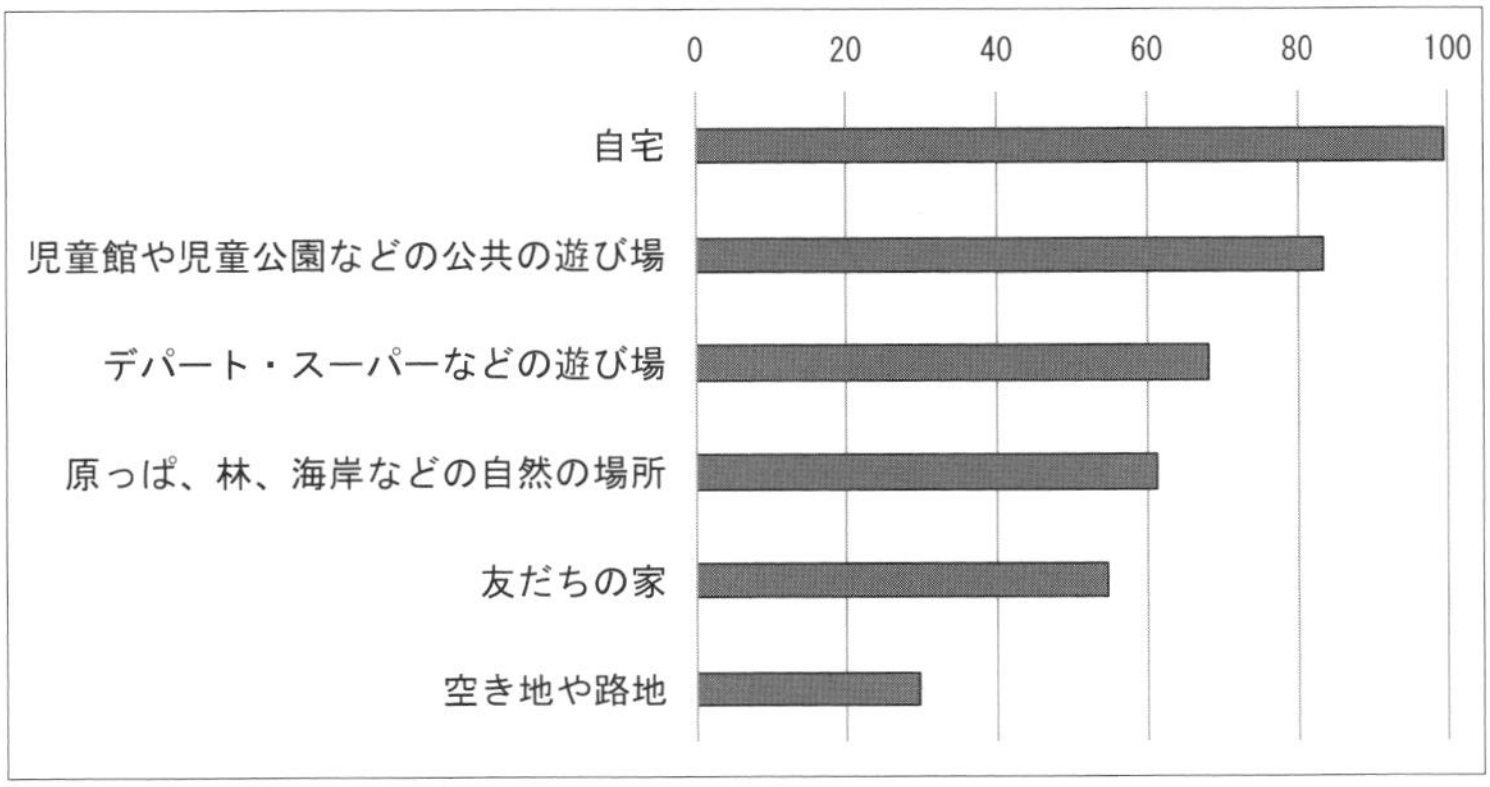

図2　子どもの遊び場所（よく遊ぶ・ときどき遊ぶの合計）

注）厚生労働省「第6回21世紀出生時縦断調査（平成22年出生児）」より作成。

第五章　福祉

「ねがい」を基点とした福祉づくり・地域づくり
―「麦の芽福祉会」の取り組み―

社会福祉法人麦の芽福祉会・むぎっこ保育園　黒川久美

一、麦の芽はこうしてはじまった

(一)「この人たちについていけば、なんとかなる!」―ねがいから出発―

一九八〇年「一緒に共同作業所づくりをしましょう」という手紙を受け取った当時二十四歳の青年（現麦の芽福祉会専務理事中村隆司さん）は、送り主の、鹿児島県障害者問題研究会所属の西前マリ子さん（脳性まひの障害）とそのなかまと共に共同作業所づくりを始めました。一九八二年、マリ子さん宅を改造して「麦の芽共同作業所」がオープンします。最初の仕事は割りばしの袋詰めや栞づくり等。働くことは、障害のある・なしにかかわらず、障害が重い・軽いにかかわらず、誰もが享受し、保障されるべき、人間として当たり前の権利なのだということを実証する実践が始まったのです。

専従職員となった青年は「この人たち（マリ子さんたち）についていけば、彼らに学びさえすれば、なんとかなる！」と直感したといいます。この直感こそが麦の芽の理念の〝芽〟になっていったように思います。すなわち、それは障害のあるなかまのためにやらねばならないと気負うのではなく、なかまのねがいを真ん中に据え、学び合いながら取り組みを進めていけば、自ずと道が開けていくはずだという楽天主義、人間への信頼感が基底にある言葉といえます。上下関係のない対等平等な人間として、なかま・家族・職員がつながりあうこと――これが今日に至るまで、いわば麦の芽の通奏低音となっている、といえます。[1]

在りし日の西前マリ子さん
（2018年1月4日没）

（二）無認可時代（一九八一年〜一九九二年）

一九六〇年代後半から七〇年代にかけて、障害児の教育権保障運動が全国各地に広がっていきました。一九六七年八月に全国障害者問題研究会（全障研）が、同年十二月には障害者の生活と権利を守る全国連絡会（障全協）が結成されます。一九七七年には障害のある人々が労働を通じて社会に参加し、地域での豊かな暮らしを築く権利の保障を目指して、共同作業所全国連絡会（現、きょうされん）の結成となりました。国際的には、国連「障害者の権利宣言」の採択（一九七五年）、その理念を具現するため権利保障についての行動の年として国際障害者年（一九八一年）が設定されます。

こうした時代の息吹を吸い込んで、鹿児島においても、「どんなに重い障害があっても、地域で働きたい、人や社会の役に立ちたい」というねがいのもと、一九八二年、「麦の芽福祉会」（任意団体）を立ち上げ、約四〇㎡の広さの無認可の「麦の芽共同作業所」を資金ゼロからスタートさせたのでした。当時は「重度の障害者が社会で働くなんてとんでもない、できるわけがない」という差別、偏見が根強くある時代でした。「障害者は障害をうけて『障害者』になっているだけでなく、生活や権利等が奪われることによって障害者にさせられている[(2)]」ところからの出発でした。一九四二年生まれの西前マリ子さんの学齢期は養護学校義務制実施（一九七九年）以前であったため就学できませんでした。読み書きは母親から教わったということです。障害児の教育権保障については、項を改めて取り上げます。

一九八五年、マリ子さんの母親が亡くなり、親亡き後、地域の中で一人暮らしを支える仕組みづくりの協議も始まり、自主事業の福祉ホームが開所していきました。

一方、子ども分野では、一九八四年教員を退職し、自宅を開放して「あすなろ療育相談室」を大迫より子さん（当時三十一歳）が開設します。療育の場が必要と考える人たちが集まり「あすなろ福祉会」（任意団体）が組織され、療育センターづくり運動が展開していきました。当時は、支援を必要とする乳幼児の療育の場はほとんどありませんでした。医療機関で障害の「宣告」をされるだけ、あるいは乳幼児健診で発達の遅れなどが指摘されても「様子を見ましょう」ということで、親への子育て上の支援は全くないという状況でした。母子心中の思いが心によぎる母親も少なからずいたのが事実です。「鹿児島子ども療育センター」（無認可）での手厚い子どもの発達援助と親への子育て支援の実践は、子どもを変え、親たちに子育ての喜びをとりもどさせていきました。乳幼児期に何が大切なのかを掴んだ親たちは、このことを多くの親たちに伝えていきたいと願うようになります。療育センターの実践者、親、支援者たちによる

「赤ちゃんからお年寄りまで誰もが安心して暮らせる街づくり」をテーマに掲げた取り組みがすすめられ、県内各地で親たちが声を上げるようになっていきます。これまで、家の中でひっそりと親と子だけで日々を送っていた親たちが、地域の中で障害のあるわが子のことを語り始めたのです。そうした親たちの姿は感動と共感を多くの人たちにもたらしました。地域を変えるこうした取り組みを経て、その後、親たちは「鹿児島障害児者父母の会」を立ち上げ（一九九四年）、制度の充実を求め行動する親へと育ち合っていきました。

一九八九年、麦の芽福祉会とあすなろ福祉会とが合同して、法人化に向け取り組むことになり、「〝提案します〟あったかい街づくりとその拠点づくりを！」という集いを開催し、十万人署名をスタートさせます。そして一九九二年、念願の社会福祉法人認可が実現し、「社会福祉法人麦の芽福祉会」として新たな一歩を踏み出すことになりました。以来、制度を活用し、障害者をめぐる制度をもっと使いやすいものにつくり変え、また、制度の谷間にあり、埋もれさせられているねがいを掘り起こし、そのねがいの実現のためには、まずは無認可事業を立ち上げ、実績を積み、制度にのせていくなど、実践・運動を進めていきました。

(三) 地域を耕し、つながりをつくる—バザー・廃品回収・コンサート・署名活動・出版—

ほぼ十年間の無認可時代、廃品（資源）回収やバザー、コンサート、署名活動、出版事業、フェスタなどを全て障害者（麦の芽では「なかま」と呼ぶ）と共に取り組んでいきました。「なかま」たちが廃品回収や署名活動などをとおして、地域や行政に当事者の声を届け、出会いの機会を重ねていきます。地域に

なかまたちの署名活動

足を踏み入れた当初は、地域からあれこれ「文句」を言われ「わかってもらえない」と悩み、葛藤したこともたびたびあったということです。しかし「実は、私たちこそ地域のことがわかっていなかったのだ」と気づかせてもらうことで、取り組むスタッフ自身が変わっていきました。そうした中で、地域が、行政が、少しずつ変わっていきます。労働し生活する障害者が地域という舞台に登場する一歩が踏み出されたことで、地域が徐々に耕されて、応援する地域の人々のつながりの輪も広がっていきました。なかまの存在そのものが地域を変える「広報」であるのです。この「広報」については後述します。

二、障害児者の福祉・教育・権利保障をめぐる国内外の動向

ここで、麦の芽の取り組みがスタートして以降の、国内外の情勢について、主だった事がらを記しておきます。麦の芽の歩んできた道について、その時代背景を知っておいていただければと考えたからです。

(一) 世界の動向

一九八一年、国際障害者年のテーマ「完全参加と平等」は、障害者は障害をもたない他の市民と同等の基本的人権を有するという思想と、これと分かちがたく結びついたノーマライゼーションの思想を表したものでした。国際障害者年について定めた「国際障害者年行動計画」(一九八〇年・国連総会決議)の第

六十三項には、障害者の社会への受け入れを妨げているのは、障害者自身の能力よりも社会の障害者に対する偏見（心理的障壁）や物理的障壁であり、社会がこれらの障壁を取り除く努力を重ねていけば、障害は軽くなっていくと提起されています。障害は環境によって重くも軽くもなるという障害観です。その後、障害を社会環境との相互作用によって生じるものであるという「社会モデル」の視点を踏まえた障害概念が国際生活機能分類（ＩＣＦ・二〇〇一年）として策定され、障害者権利条約に引き継がれていきます。

同六十三項後段には、「……その構成員のいくらかの人々を閉め出すような社会は、弱くもろい社会である。障害者は、その社会の他の集団とは異なったニーズをもつ特別な集団と考えられるべきではなく、その通常の人間的なニーズをみたすのに特別の困難をもつ普通の市民なのだ……」という広く知られるようになった文言があります。障害者が他の市民と対等・平等に存在する社会こそノーマルな社会であるという、社会の質を問う視点です。そして、ここには障害者がその人らしく働き、暮らせる社会はすべての人が尊重され、安心して暮らせる社会でもあるという含意があります。

国連は二〇〇六年十二月障害者権利条約を採択しました（二〇〇八年発効）。日本では二〇一四年二月に発効します。障害者は「平等な市民」「権利の主体」として社会の中に位置づけられ、新しい障害者観に基づいて古い制度や社会的対応が改められていく、そうした世界規模での変革の時代の到来です。権利条約では、ソーシャル・エクスクルージョン（社会的排除）からインクルージョンへ、が提唱されています。「インクルーシブな社会」とは、「人々の差異と多様性、お互いの尊厳の尊重を基本に、平等に権利が保障され、誰もが共同・連帯しながら、各人が自分らしさを発揮して活躍できる」社会であり、「障害者だけでなく、さまざまなマイノリティ、弱者に属する人たちが、萎縮することなく要求を主張し、自己決定と社会参加が保障されるような社会[3]」といえます。

(二) 日本における障害児の教育権保障運動について

前に少し触れたように、一九七九年以前は、障害児の多くは学校教育からしめだされていました。以下では、茂木俊彦『障害児と教育』(岩波書店、一九九〇年)によりながら、障害児の教育権保障運動について記しておきたいと思います。

一九七〇年代初め、各地で不就学障害児の実態調査が行われました。調査をとおして、不就学児は、「その生活空間が狭く、生活時間も単調なものになってしまっていた」こと、しかも「生活空間は、年齢の増加に伴って逆に縮小していく」ことなどが明らかになりました。こうした「閉じ込められた生活」は、「子どもの発達の基礎条件が貧困になることを意味」しています[4]。実際、不就学障害児たちの発達は、停滞や退行を余儀なくされていました。さらには「早すぎる死」も。ところで、「実態調査そのものがすでに運動としてとりくまれるべき」という考えのもと、親自身も調査する側として参加するようになったということです[5]。どんな親も、わが子を学校に行かせたいというねがいを心の奥深くに持っていることが共有される中で、親たちは調査結果をもとにした要望書をもって行政担当者との「対話集会」を開き、障害児にも学校教育をという「教育権保障運動」を展開していったのです。障害児の「教育権保障運動」とは、「憲法第二十六条に定められた『教育を受ける権利』を、どんなに障害の重い子をも例外とすることなく、保障させようという運動」のことです[6]。

一九四七年、学校教育法が制定・施行されました。障害児のための学校として、盲学校、聾学校、養護学校の三種類があり、都道府県にはこれらの学校の設置義務が課せられています。ところが設置義務に関する施行期日は政令で定めるという但し書がつけられたため、盲学校、聾学校は一九四八年から施行されることになりましたが、養護学校だけは施行期日が先送りされたのです。都道府県の養護学校設置義務が履行されない中では、親は子どもを就学させる義務を果たすことができません。ちなみに、義務教育制度というのは設置義務と就学義務の二つの義務によって成立するものなのです。親たちは「就学猶予願い」を書かされ、さらには何年か経過すると「就学免除願い」を書かされて、教育委員会の許可を得なければならないという仕組みでした。行政が設置義務を果たしていないにもかかわらず、親が義務履行の猶予・免除を願い出なければならないという矛盾した状況があったのです。障害児の「教育を受ける権利」の侵害に対する運動が展開する中、国は一九七九年四月一日、養護学校教育の義務制を施行しました。障害の重い子どもも含めて、すべての子どもに義務教育を保障する制度の基本が、ここにきて、ようやく整えられたということができます。戦後の義務教育は、三十二年の長きにわたって、盲・聾以外の障害児が除かれていたのです。一般的にこのことを知る人は少ないように思い、ここに取り上げました。

その後、二〇〇七年四月一日、日本の障害児教育は、それまでの「特殊教育」から「特別支援教育」に移行しました。盲・聾・養護学校は「特別支援学校」に一本化され、今日に至っています。

(三) 日本の最近の動向

二〇〇六年「障害者自立支援法」(「応益負担」・事業者への「日割り実績」払い・「障害程度区分認定」

の三点セット）が施行されました。これは「自立破壊法」であり、露骨な「自己責任型」福祉制度であるとして、障害者自立支援法違憲訴訟一斉提訴（二〇〇八年十月〜〇九年十月）がなされ、政権交代（二〇〇九年九月）後、国の自立支援法廃止の確約を受けた訴訟団は、国との間で「基本合意」を締結しました。そして、当事者も参画した「障がい者制度改革推進会議総合福祉部会」にて、今後の障害者福祉の羅針盤ともなる「障害者総合福祉法の骨格に関する総合福祉部会の提言」（＝「骨格提言」）が示されました（二〇一一年）。「障害の有無によって分け隔てられない共生社会の実現」「保護の対象から権利の主体へ」「医学モデルから社会モデルへ」などの法の理念をはじめとして、支援（サービス）体系や地域生活の基盤整備など障害者福祉制度の総合的な内容が取り上げられています。そして障害者自立支援法の一部改正として二〇一二年六月に「障害者総合支援法」が、課題を残しながら成立しました。また「障害者差別解消法」が二〇一三年六月成立します。

二〇一六年以降「『我が事・丸ごと』地域共生社会」という制度「改革」が進められています。日本障害者協議会の藤井克徳氏は、「我が事」とは、「これからの社会福祉は公に頼るのではなく自己努力や地域での支え合いが基本」となるもので「自助」「互助」が強調されていると指摘しています[7]。要するに「受益者負担・公的責任回避」政策の総仕上げの意味をもつものといえます。国は障害者福祉を破壊する制度改悪を次々に打ち出しており、大変厳しい情勢ではありますが、それに抗い、権利主体としてねがいを発信する障害者や応援する家族は確実に増えています。「私たち抜きに私たちのことを決めないで！（Nothing About us without us）」は権利条約づくりの過程において世界中で発信された合い言葉です。日本においてもこの合い言葉が響く社会に少しずつではありますが変わりつつあります。

二〇一六年七月二十六日、障害当事者や家族をはじめ多くの福祉関係者などに大きなショックを与えた相模原障害者殺傷事件が起きました。「インクルーシブな社会」を真っ向から否定し、日本社会が「弱くもろい」ことを露呈した事件です。事件の基本的性格は「障害者の基本的人権・生存権の否認」[8]ということにあり、さらにその根底には人間の命に優劣をもちこむ「優生思想」があります。そして事件の背景には、「生産能力や経済的な効率性によって人間を価値づける能力主義的な価値観がますます先鋭化している」[9]ことがあります。「人間に条件を付けない社会」、すべての人の「人間としての尊厳と権利」が守られる社会、誰もが「生まれてきてよかった」と思える社会をどうつくりだしていくのかが鋭く問われています。

三、麦の芽の〝こだわり〟

（一）麦の芽のめざすもの（理念）―ゆりかごから墓場まで―

麦の芽福祉会は次のような理念（めざすもの）を掲げています。

①全ライフステージにわたって豊かな生活をおくれる地域づくり
②ライフスタイルごとに必要な様々な援助サービスが総合的に受けられる在宅福祉づくり
③生活や仕事や発達援助の拠点としての、また地域に開かれ、地域に支えられた施設づくり
④子ども、なかま、親、職員、ボランティア、そして関係する全ての人々が共に成長できる広い意味での教育システムづくり

生涯にわたり人間らしく、自分らしく、安心して暮らせる地域づくりという理念を掲げ、乳幼児期の保育・療育から、放課後等デイ（学童保育）、福祉型専攻科・大学、就労支援、生活（ホーム）支援、余暇支援、高齢者支援、訪問看護、移送支援など、そしてエンディングセンター・共同墓地まで、まさに文字どおりの「ゆりかごから墓場まで」の実践・運動を積み上げてきました。現在、鹿児島市のほか、薩摩川内地域、指宿地域も含め、五十五を超える事業・事業所で、乳幼児期から高齢期まで、全ライフステージにわたる実践が展開されています。

麦の芽55の事業―ゆりかごから墓場まで―（『夢・ねがいから出発して』より）

（二）時代のコンセプトと合い言葉

麦の芽三十八年のあゆみは、「できない」に挑戦してきた歴史といえます。資金ゼロから出発した麦の芽は、お金から考えるのではなく、「夢・ねがいから出発する」ことにこだわり続け、「夢・ねがい」の実現のために知恵を出し合い、多くの施設を建設してきたのです。

第一期から今日に至るまでの時代のコンセプトは表1に示す通りです。これらのコンセプトは、内外情勢、すなわち社会・福祉情勢及び法人内情勢に関する分析を踏まえて提起され、法人研修をはじめ、職員が集う様々な会議・学習会などの場で議論され、共有されてきたものです。

各時代のコンセプトからその時代状況がよみがえってきます。とりわけ、二〇〇六年「障害者自立支援法」の施行以降、つまり第九期以降は、福祉の危機的状況への対抗軸というものを、コンセプトの言葉一つひとつの中に読み取ることができるように思います。

また、麦の芽は取り組みの節目ごとに表2に示すような合言葉をつくってきました。

麦の芽では、福祉の危機は、同時に法人内部の危機でもあるという認識を持っています。「財政的な危機、その結果として、掲げてきた理念・思想をかなぐり捨ててしまう危機、そして、築きあげてきた職員同士、親と職員との信頼関係が破壊されていく危機、その帰結として民主主義の危機」にさらされているという自覚のもと、「小さな福祉事業体が大手営利企業に飲み込まれるような状況」の中で、今、「競わず、つぶれず、失わない」という合い言葉が発せられ、共有されています。[10]

表１　麦の芽福祉会～時代のコンセプト～

期	年	コンセプト
第1期	1981~1983年	障害者の働く場の確保
第2期	1984～1985年	社会的アピールで地域を耕す
第3期	1986～1988年	福祉メニューのネットワークづくり
第4期	1989～1992年	「麦の芽」「あすなろ」の統合と10万人署名
第5期	1993～1995年	中・長期10か年計画の策定に向けて
第6期	1996～1997年	地域生活援助システムづくりの拡充
第7期	1998～2002年	「協同・共同の理念・思想」による運動・運営・実践の基礎づくり
第8期	2002～2006年	権利が問われている激動期を乗り越えるのは／〇なかま・家族・職員のねがいをもっと深める・もっと大事にして／〇学びと実践をもっと深める・もっと創造して
第9期	2006～2008年	“いのち”が問われている激動期をきり拓くのは／〇やり方ではなくあり方を／〇制度適合や生き残りではなく、人間発達へのもう一つの生き方を／〇今こそきょうどう（協同・共同・協働）の力を
第10期	2008～2012年	福祉が危ない！“個”が“孤”にならない生き方と集団の創造／〇本来の福祉を問い続け、足もとを固めるために／〇人間らしく生きる道をきり拓く実践力と学ぶ力／〇新たなきょうどうを創造し、つながりを発展させるために
第11期	2013～2019年	
	2013年	問い続ける／〇競争に巻き込まれないリスクには挑戦、競争するリスクは回避！／〇事業を成功させるためのサービスの質より、なかま・家族・スタッフのねがいに応える関係性（人・集団・社会）の質を！
	2014年	「大規模化政策」のなか、規模を「量的（概念）」なものではなく、「協同的（概念）」なものとして／〇今、再びもう一つの新たな「小さな協同・共同」そして「大きな協同・共同」を創り出していく
	2015年	抵抗と福祉のあるべき姿づくり／〇組織を守ろうとしたらきっとつぶれる、人一人を守ろうとする組織はきっとつぶれない
	2016年	競わない、つぶれない、失わない／〇むぎのめがむぎのめらしく、わたしたちがわたしたちらしく、あり続けるために
	2017年	「対話」から生み出す私たちの未来図～見抜く・学ぶ・貫く／〇「事業再編」とは「時代の福祉制度改変という構造的な変化」に対して、なかま・家族のねがい実現のために、「事業・実践を構造的に編み直し変革」していくこと
	2018年	社会福祉後退（市場・競争至上、経済・生産効率主義、営利・商品化、関係分断・閉塞化等）への最大の抵抗の一つ、最良のきょうどうの一つ～自分らしい、人間らしい楽しさ・おもしろさ、大事にされる・する、支える・支え合う優しさ、わかち合い・わかちもつ不安・つらさ・悲しみ～として／〇今こそ障害者、高齢者、その家族や市民・地域とともに社会保障・社会福祉を守り続けるための“きょうどう”のフォーメーションづくりに向けて／〇“分断と閉じ”の制度を守るのではなく、“なかまとスタッフの生きがい・働きがい”を守るために制度を使いこなし、制度を突破していく／〇“関係を分断し、信頼・希望を閉じていく現行制度構造”だからこそ、“構造的に変革していくきょうどうの方向”で、関係・信頼・希望を取り戻していきたい！
	2019年	営利・非営利の決定的違いは、社会保障・社会福祉運動事業であるかどうか！利害と対立関係ではなく、承認と共同関係かどうか！たった一人のために何ができるか、どんな存在となれるかをあきらめないかどうか！そして、なかま・家族・組合員等当事者一人ひとり、みんなのねがいに応え続けることを貫いていけるかどうか！／〇バザー(資金づくり)を運動化、事業化、実践化する／〇6体を活用・応用して実践を組み立て、うれしく・たのしく・おもしろくする！／〇“きょうどうと財政（構造—内外情勢と時代に応じた事業・財務・組織のあり方・やり方の構造変革）運動の今まで・今・今からの流れを読み、今後の動向を想像・創造する”（いわゆる“6体の事業・財務・組織化”）／〇今こそ危機と希望を共有～ねがい・夢を語り合いたい、しかしそのためにも今こそ、それを妨げ続けている法制度による内外情勢認識と危機認識の共有を！

表2　取り組みの節目における合言葉

○みんなで学び・考え、みんなで決め・作り、みんなで守り・支え、みんなですすめ・創る
○無理・できないは、どうしたらできるかの出発点
○とにかくあきらめない・それでもあきらめない・何が何でもあきらめない
○制度があろうとなかろうと、なかま・家族・職員のねがいと夢を追い続ける限りは決して間違いはない
○自分たちと同じつらい思いをさせてはならない、だから待機者をつくらない、絶対一人ぼっちにはさせない、だからことわらない、だから誰一人見捨てない
○社会や福祉の根本思想も、私たちの実践・事業・運営・経営の根本思想も「協同の思想」
○民主的な人が何人いるかではなく、民主的なしくみがいかにつくられているか、実践・事業の本質は、結果ではなくプロセスにある
○事業展開は、規模拡大のためではなく、暮らしの質拡充のため
○経営を強めるとは、なかま・家族・職員のちからを強め、ねがいを深めること、みんなのねがいと一人ひとり、一つ一つのねがいをどこまで大事にできるか、一人ひとりの不安・苦しみに私たちにできることは何か
○学びのあり様が個人・集団・組織・地域・社会のあり様を決める
○危ないを感じるちから、矛盾には徹底して抗う、ただ法は順守する、しかし決して流されない
○AかBかではなく、AB、BA、ABC、Cのもう一つの生き方はないのか
○大事なものこそ見えづらく見えない時代の中で、今こそ、大事なものは
○福祉の危機に抗う～競わず、つぶれず、失わない
○福祉の仕事のやりがいは、“うれしい・たのしい・おもしろい”

(三) 麦の芽の活動の〝ものさし〟―「6体」―

今日、福祉が「営利目的の経済」へと転換され、事業だけでなく、利用者、職員までも「商品化」され、「売買契約の金銭のつながり」に変容し続けています。社会保障・社会福祉のあり方が変質し、経営主義や企業的思考にからめとられかねない状況がすすむ中、麦の芽は、本来の福祉を守るために何を大切にしてきたか、いま何を大切にすべきか、あるいは、何が弱体化しているのかなどを見据える際のいわば〝ものさし〟として、「6体」という仕組みを持っています。「6体」とは次に示すものです[11]。

①「教育体」―学びのあり方が、社会福祉、事業・実践、組織体のあり方を深める。教育研修の軸の一つとして「むぎのめ学会」を開催し、研究紀要『むぎの目』を発行している。

②「協同体」―「一人の不安をねがいへ、そしてみんなのねがいに」とする市民運動、事業体と

して。

③「運動体」—障害者運動・福祉運動は、お金につながる「利害運動」ではなく、やさしさ、しあわせ、人間らしさにつながる「承認運動」として。

④「事業体」—福祉であり、非営利であり続ける限り「運動の事業・実践化」を探求。

⑤「広報体」—住民・市民との出会い・交流の接点である文化的事業・活動をとおしてつながり、「生き方の発信」をとおして、住民・市民を文化・人権・平和志向でつなぐ。

⑥「経済体」—福祉とは「営利目的の成長経済」ではなく、「非営利の〝いのち〟を守る・ひとりを守る社会目的経済」であり、お金のつくり方・使い方で、組織のあり様、福祉や国のあり様が決まる。

(四)「広報」と地域づくり

「6体」の中の一つ「広報体」を取り上げ、地域づくりとの関係を見ていきたいと思います。

「広報」というと、PR=広告・宣伝というイメージが一般的には強いと思います。福祉の世界でも「○○のサービスがあります」「△△よりお安いです」など、儲けるための広告・宣伝が見られるようになってきました。しかし麦の芽では、「広報」を地域づくりとつなげて取り組んでいます。

「音楽などの文化活動や物品販売・署名・募金活動をとおして、マスコミや行政、あるいは地域との学習・応答関係、対話の機会が生まれ、理解・共感が生み出されていきました。理解・共感の波紋は、利害関係ではなく、生身の応答関係・対話から広がっていくのです。『広報』とは対話であるといえます」。さらに「個人の生き方や集団・体制のあり方など『生き方・あり方』を日常の実践をとおして発信・提案し、新たな、あるいはもう一つの価値形成の世論創作にトライしてきました。『広報』とは『生き方・あり方』の発信なのです」。また「学習・文化・実践・要求運動をとおして、人権・平和志向のコミュニティづくりをすすめ、地域の風土・文化となっていくことをねがってきました。福祉が、障害者だけの福祉ではなく、地域や社会の人々にとっての福祉になるようにとのねがいです。『広報』とは福祉の思想を拡げることと言い換えること」ができます。そして今、「すでに文化・人権・平和志向で地域に根づいてきた、また根づこうとしている地域の事業体や機関との協同・共同・協働をとおして、ともに『きょうどう』『（社会的な）良心』を支え、守り、創り、拡げ、深めていくという、新たな『広報』のあり方へと踏み出したところです。具体的には、『コープかごしま』などと『きょうどう』し、独自ブランド開発や単独出店という方向ではなく、〃地域とともにある〃ということを意図した取り組みを展開しています。こうしてみると『広報』とは地域づくりそのものだということができます」[12]。

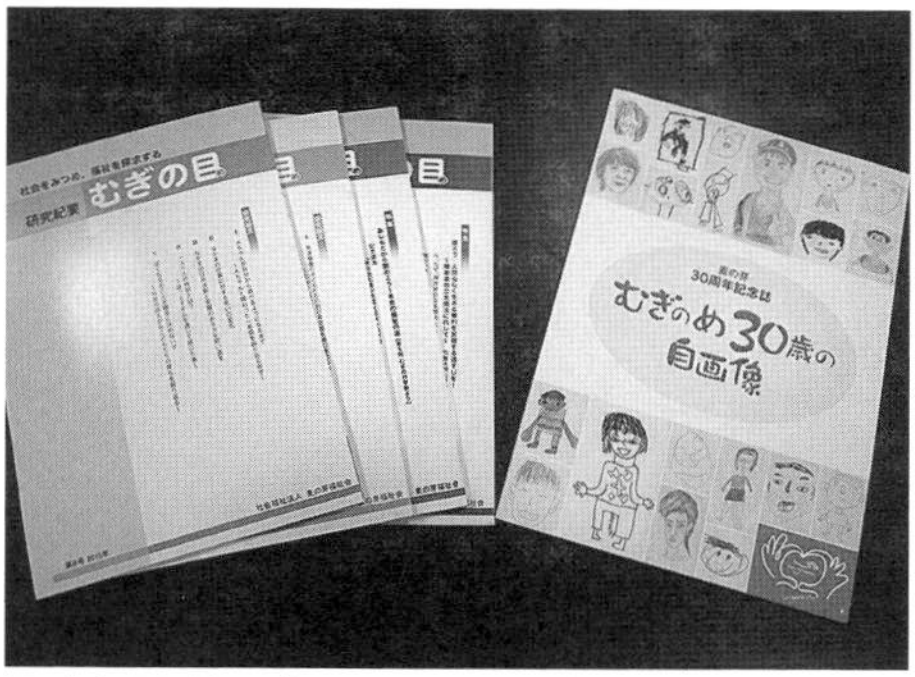

研究紀要『むぎの目』と30周年記念誌

つまり、「広報」とは対話であり、生き方・あり方の発信であり、福祉の思想を拡げることであり、「広報」とはまさに地域づくりそのものだと麦の芽は考えるのです。これを地域づくりの視点から言い換えれば、地域づくりとは、対話すること、生き方・あり方を発信すること、福祉の思想を拡げること、そして住民・市民を文化・人権・平和志向でつなぐこと、と言えるのではないでしょうか。

四、「子ども基本計画」への提言

共に生きる―インクルーシブな社会・地域づくりを―

インクルーシブとは、「包摂」「包含」を意味するインクルージョン inclusion の形容詞形です。インクルージョンの対義語はエクスクルージョン exclusion で「排除」を意味します。インクルーシブな社会という場合、誰かを排除して成り立っているこれまでの社会のあり方を変える必要があるという認識から出発します。「排除されてきた人たちが社会の中にちゃんとした居場所をもち、参加できるようにという願い」のもと、「排除されてきた側の人たちと、排除してきた側の人たちとが『共に生きる』」社会を目指すという思いが、インクルーシブな社会という言葉には含まれているとの指摘があります[13]。これは、前に触れた「その構成員のいくらかの人々を閉め出すような社会は、弱くもろい社会である」という国連がかつて発信した文言を想起させるものです。

貧困・格差の拡大、自己責任論の強化、競争主義の蔓延、孤立・分断などにより、子どもたちも大人たちもかつてないほどの生きづらさを抱えています。強者の論理が幅を利かせ、「社会的な弱者」を切り捨てる不寛容な社会を改めることが今ほど求められている時はありません。

二節一項で取り上げた「インクルーシブな社会」について再度記しておきましょう。

インクルーシブな社会とは「人々の差異と多様性、お互いの尊厳の尊重を基本に、平等に権利が保障され、誰もが共同・連帯しながら、各人が自分らしさを発揮して活躍できる社会」、「障害者だけでなく、さまざまなマイノリティ、弱者に属する人たちが、萎縮することなく要求を主張し、自己決定と社会参加が保障されるような社会」ということです。

「共に生きる」ことが当たり前となる社会の実現に向けて、自分は何ができるかを考えていきたいものです。麦の芽の取り組みからそのヒントを何か一つでも見つけていただければ幸いです。

〈注〉

1 菅原裕子・田原左世利「ともに闘う〝同志〟として―西前マリ子さんと麦の芽の35年―」黒川久美他編『夢・ねがいから出発して―麦の芽が拓く〝ゆりかごから墓場まで〟―』全障研出版部、二〇一八年、一一頁。

2 田中昌人『講座　発達保障への道②「夜明け前の子どもたち」とともに』全障研出版部、一九七四年、一一頁。

3 荒川智「差別と共生をどう考えるか」『みんなのねがい』No.六一一、二〇一七年、二四頁。

4 茂木俊彦『障害児と教育』岩波書店、一九九〇年、四頁。

5 茂木俊彦　同右、三頁。

6 茂木俊彦　同右、一〇頁。

7 藤井克徳『障害者をしめ出す社会は弱くもろい』全障研出版部、二〇一七年、一一五～一一六頁。

8 池上洋通「はじめに―黙っていてはいけない―」『生きたかった―相模原障害者殺傷事件が問いかけるもの―』大月書店、二〇一六年、四頁。

9 福島智「個人が尊重される社会とは」『みんなのねがい』No.六一一、二〇一七年、二〇頁。

10 清原浩「協同・共同の力で創造する福祉事業とは」黒川久美他編『夢・ねがいから出発して―麦の芽が拓く〝ゆりかごから墓場まで〟―』全障研出版部、二〇一八年、九頁。

11 中村隆司・東麻梨江「対話でつながる地域づくり―『広報』をとおして―」黒川久美他編『夢・ねがいから出発して―麦の芽が拓く〝ゆりかごから墓場まで〟―』全障研出版部、二〇一八年、五三～五四頁。

12　中村隆司・東麻梨江　同右、五五〜五六頁。
13　津田英二『インクルーシヴな社会をめざして』かもがわ出版、二〇一一年、五頁。

〈参考文献・資料〉

黒川久美他編『夢・ねがいから出発して—麦の芽が拓く〝ゆりかごから墓場まで〟—』全障研出版部、二〇一八年
茂木俊彦『障害児と教育』岩波書店、一九九〇年
茂木俊彦『障害児教育を考える』岩波書店、二〇〇七年
『むぎのめ20周年記念誌』むぎのめ20周年記念事業実行委員会、二〇〇二年八月
『むぎのめ25周年記念誌』むぎのめ25周年記念事業実行委員会、二〇〇八年二月
麦の芽教育研修センター編『麦の芽30周年記念誌—むぎのめ30歳の自画像—』社会福祉法人麦の芽福祉会、二〇一二年十二月
麦の芽福祉会「春季法人研修」「秋季法人研修」資料

コラム⑤　地域づくりの核となる人権意識の問題

人々の移動や社会変動が激しくなる中で、新たに「地域づくり」を考えるとき、「人権」についての意識や関心が中核に位置づけられることが肝要であるといえます。誰もが差別されないのはもちろんのこと、集団の風潮に流されて少数派が存在できなくなることも問題です。それは、たとえ目的を共有する人々が活動をする場合でも、しばしば直面する課題です。

　鹿児島県「人権についての県民意識調査」（二〇一八年度、鹿児島県ＨＰ）は、十八歳以上の県内居住者を対象に三〇〇〇人を無作為抽出して行われたもので、人権問題や人権意識を性別・年齢別・職業別に取り上げています。この調査から見えてくる課題を、特に若い世代の目線で考えてみたいと思います。

　この調査では、全世代で一三二九人、十八～二十九歳では一〇二人が回答しています。限られた回答数ですが、若い世代の傾向を読み取ることができます。

　まず注目されるのは、「人権」に対する印象を聞いた図１の中で、十八～二十九歳において「むずかしい問題である」との回答が最も多くなっている点です。人権問題は、なぜ若い世代にとって難しいものになっているのでしょうか。

　同じく、図１には、対象的な二つの項目、「人権は自分にも関係

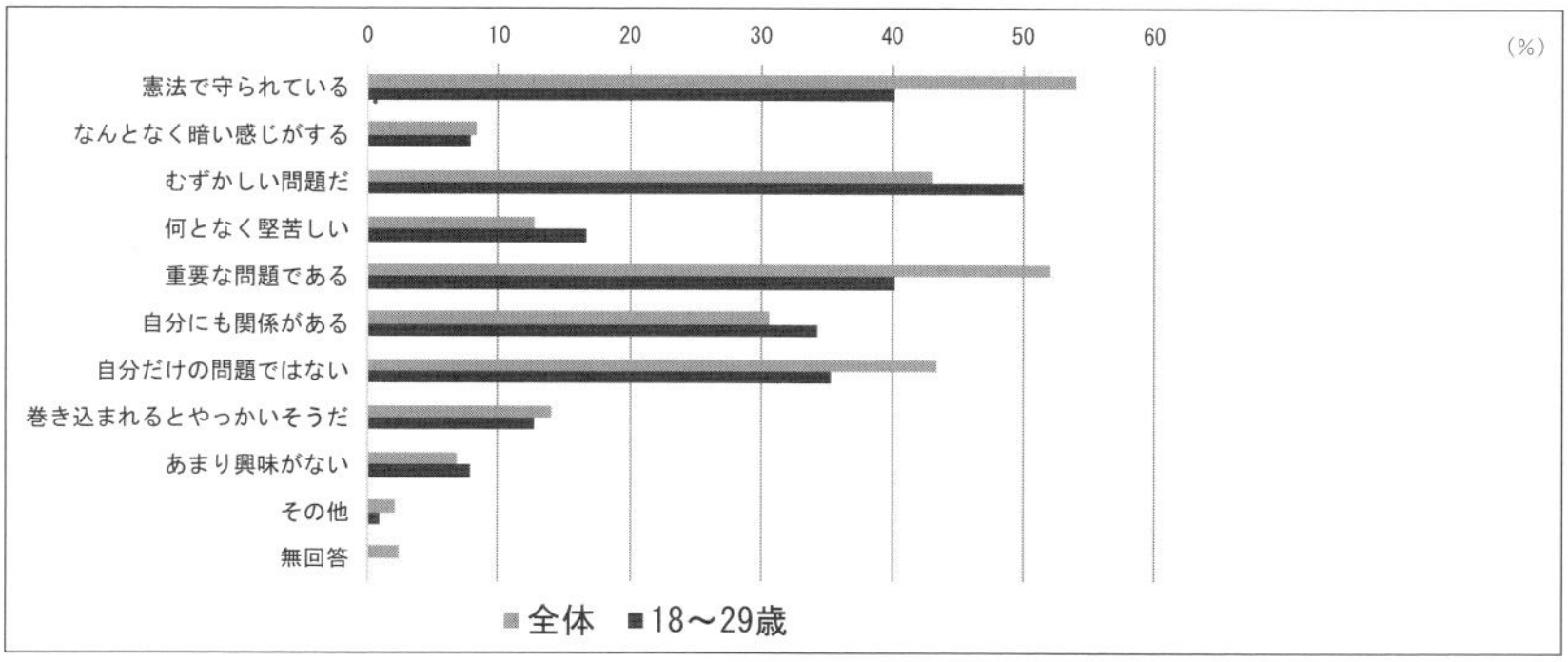

図１　人権についての印象や感想（複数回答）

がある」と「人権は自分だけの問題ではない」があります。十八～二十九歳では、両者の回答が拮抗していることが分かります。ここから、若い世代にとっては、なによりも、自分自身の問題として人権を捉えることに難しさを感じているのかもしれないことが分かります。

この点を深めるために、表1の④「権利のみを主張する人が増えてきた」という項目をみてみましょう。全世代の回答は「そう思う」が六二・五％と高いのに対し、十八～二十九歳では五四・〇％とやや少なくなっています。ここに、若い世代の回答が提起している重要な問いがあるように思います。はたして、人権を自分のこととして考えることが、権利のみを主張するということになるのか、という問題です。

では、「子どもの権利」に関する項目を取り上げ、さらに検討したいと思います。図2と図3は、それぞれ人権問題とその対応策について質問したものです。図2では、全世代で、いじめや虐待の問題を多く上げています。その中で、十八～二十九歳が他の世代に比べて突出している項目は、「進学先や職業の選択で、大人の考えを押し付け子どもの意見を無視すること」で、約三〇％となっています。

また、図3の対応策では、十八～二十九歳でいじめの早期発見や予防策を求める声が多くなっていることが分かります。その一方

表1　人権をめぐる情勢の評価

	①人権侵害はこの５～６年で少なくなってきたか		②国民の人権意識は10年前に比べ高くなったか	
	あまり変わらない	わからない	そう思う	一概には言えない
全体	39.8	24.5	38.4	31.8
18～29歳	39.2	34.0	31.3	32.3

	③基本的人権が尊重されている社会だと思うか		④権利のみを主張する人が増えてきた	
	そう思う	一概には言えない	そう思う	一概には言えない
全体	32.8	44.6	62.5	22.6
18～29歳	31.3	48.0	54.0	28.4

で、「親をはじめ、大人が子どもの意見や意思を尊重するよう啓発すること」が全世代の回答の倍以上に上っていること、逆に「子どもの人権を守るための啓発活動を充実すること」が僅かであることが分かります。ここから推察されるのは、若い世代にとって重要な場面での意思決定が「尊重」されてこなかったこと、そして「守る」という保護の観点には消極的であるということです。

ここには、「人権をめぐる自立と保護の問題」が横たわっているといえます。国連子どもの権利委員会から、日本は「子どもの意見表明権が重視されていない」と指摘されていることとも関わります。仮に「権利はわがままを助長する」と捉える風潮があるとすれば、それこそ「自立」を阻む要因となる

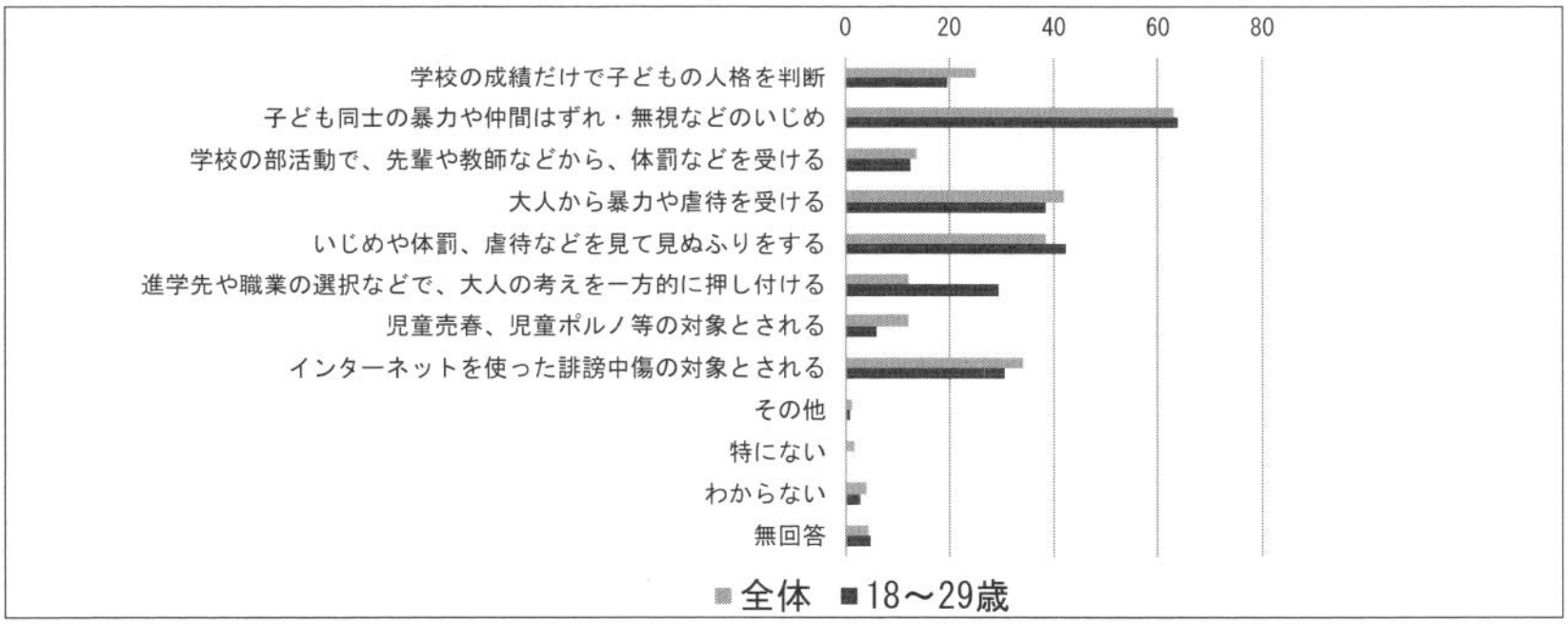

図２　子どもに関する人権問題（複数回答）

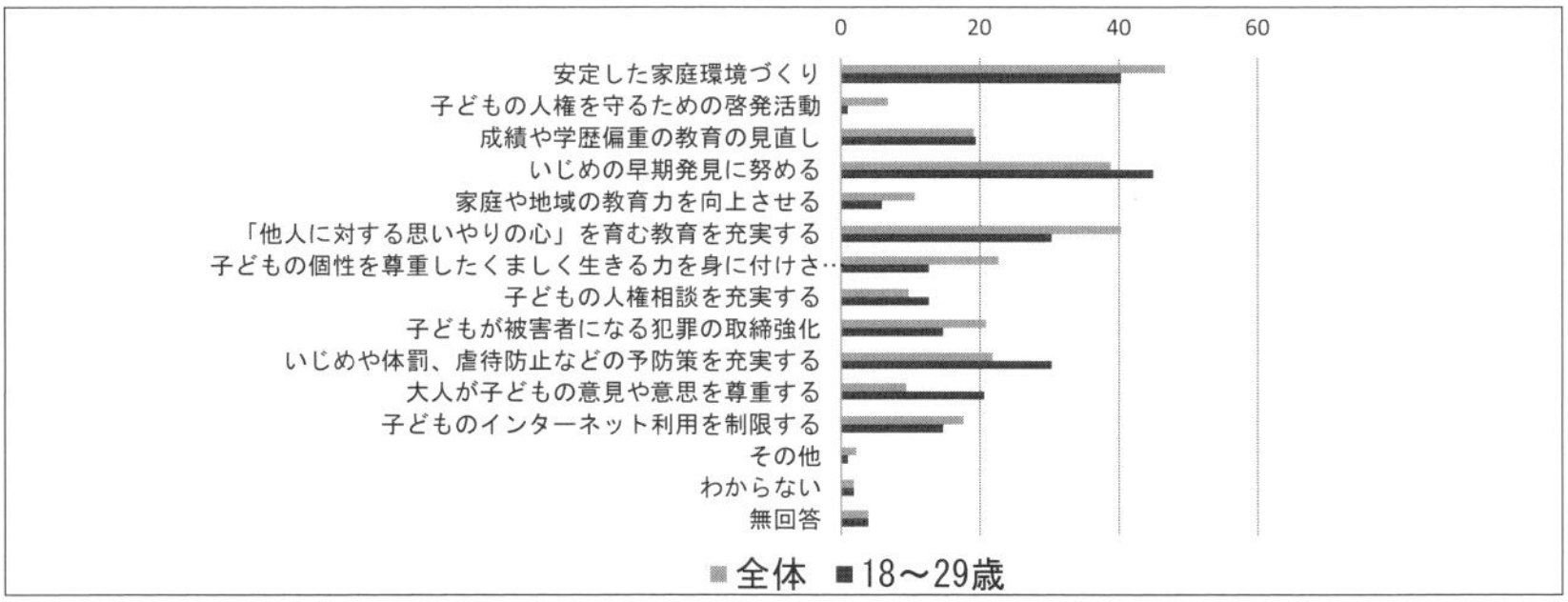

図３　子どもの人権を守るために必要なこと（複数回答）

のではないかといえます。

個々人の自立は、本書冒頭の清原浩氏の言葉を借りれば、「生き方」の尊重であるといえます。「生き方」は尊重されなければならず、かつ、他者の助けを借りながら、それでもなお他者のものに置き換えられないものである、といえるでしょう。ここで取り上げた「人権についての県民意識調査」では、子どもの権利に限らず、女性、障がい者、高齢者、外国人、ハンセン病患者、性自認、インターネットによる人権侵害などの項目が取り上げられています。「生き方」を支援しあえる地域づくりは、これらの人権問題に通底する課題であり、価値であると考えます。

※図表はすべて「人権についての県民意識調査」（鹿児島県、二〇一八）より作成。

第六章　環境教育

「人として生きる」ことをつかむ環境学習
―水俣病をどう教えるか―

鹿児島県西之表市立下西小学校　竹下清一朗

一、水俣病問題と私

授業を受け、覚えたことを効率よくはき出し、難なく学校生活を送ってきた私は、限られた世界の学びから逃げ出そうと県外の大学に進学しました。選んだ地は北海道。ヒグマがサケを捕らえる姿、車道を悠然と横切るエゾシカの姿、テニスコートにひょっこり現れるキタキツネの姿は、それまでの狭く短い人生経験を補ってなお余りある時間でした。

しかし、それ以上に「生き方」を決定づける出会いがありました。

それが、小学校環境教育実践研究家・大森享先生[1]との出会いです。

長年、東京都の公立小学校教師として生きてこられました。実践のどれもが、子どもと共に地域へ働きかけ変革していく、ドラマティックかつリアルなものです。教児共に自己教育運動を展開していく記録に、学校教育に対する「希望」をみたのです。ゼミの中で先生に薦められた一冊の本があります。

それが、田中裕一『石の叫ぶとき―環境・教育・人間　その原点からの問い―』[2]でした。

それまで水俣病は文字通り「水俣」の病と思っていた私にとっては、教科書のどこにも載っていない、あまりにもショッキングな真実でした。

なぜ今まで気づかずに生きてきたのか、いったい私は何を学んで生きてきたのか、そして教育は教科書を教えることではなかったのか、そうした問いが一気にふき出ました。田中裕一先生が世に問うた授業実践は、まさに「環境破壊に抗する教育」（藤岡貞彦）であり、「人間の中に正しい価値観を形成する教育」（田中裕一）であり、基本的人権に深く根をおろした「人として生きる」ことを問う実践だったのです。[3]

永野三智さんと祖父母・叔父

以降、水俣市や出水市へと通うようになりました。

水俣病センター相思社へ祖父母を連れて行くと、祖父が自分の経験を語り始めたのです。「当時、大口におったんですよ。ほんなら、めにっ（毎日）行商がおってな。うめ（美味い）と」初めて聴く話でした。水俣病問題が他人事ではなく、ぐっと身近な問題へと転化した瞬間です。水俣病問題をライフワークとすることを通して、藤岡貞彦先生をはじめ日本の公害教育運動を担い、今なお問い続ける先生や仲間と出会いました。こうして私の生き方は方向づけられたのです。

水俣病問題は、地元の問題であり、家族に関わる問題でもあり、「私」としては向き合い続けるべきライフワークです。しかし、それだけではありません。

「教師」として水俣病問題（公害教育）を問い直し続けることこそ[4]が、いじめ問題や教え子への性暴力、各種ハラスメントなど、混迷を極める学校教育に対する一つの実践的回答になると確信しているのです。

教育の本質は現実世界（日常生活）にあります。義務教育時代にはそれに気づけませんでした。その自戒の念と子ども達との日常を重ね合わせた、前任校での実践を中心に、「人として生きる」ことをつかむ環境学習の実際をお伝えします。

二、子ども達が生きる世界

（一）「先生すみません。こんなすごいメンバーが集まって……」

「六年二組、竹下」「イエーーーーーイ！」

四年生の時以来の再会もあり、胸を踊らせ期待して始まった生活も、長くは続きません。
（C）「先生、先生、先生、先生、先生、先生……」
と会話中に割り込み、聞いてもらえないとふてくされて保護者に言いつける子。
（C）「は？　めんどくせーし。なんで入学式の片付けするの？　親でしょやるのは！」
（C）「三年生が遊具貸してくれないからエアガンで打ちました」
などです。目がきつく、表情に柔らかさはありません。

これまで、万引き、裁縫セットで友だちの制服を切りつける、登下校のルールを指摘したら「昔から通っていました」と管理職を交えて面談になる。そういう生活の中で、子ども達は「要注意人物」「不思議ちゃん」「あそこはやっかい」とレッテルを貼られてきました。家庭訪問では、

「先生すみません。こんなすごいメンバーが集まって……」

と。いいえ、「すごい」のは何かあったら子どものせいにして自分を顧みない我々の方です。

(二) 教育実践を支える課題意識

加えて、「学力が低い」「幼い」とも。そうした子ども達の現状は以下のようなものでした。

・指導は空返事でその場をやりすごし、ルール、マナーは自分軸で判断する
・人間関係が固定化され、誰かを省いて群れる
・自分の想いを表現するのが苦手で、優秀な子とされる人や好きな友人の意見に任せる
・「ソーラン」が「ンーラン」になったり文章の書き出しを空けなかったりする基礎学力不足

実態はみるに明らかです。しかし、この学年の子ども達の積極的な側面は、本来はとにかく素直で仲が良いということです。特別支援学級在籍児童も多く、交流学級で共に学ぶ時など実に優しい眼をしています。一見矛盾し、漠然としていますが、これが子ども達の持つ何よりも大きな力なのです。

「人のより良い生き方や成長」に関すること、「基本的人権」を尊重するといったこと。こうしたプラスの側面を「権利」と結びつけ、どのように自覚さ

共同作業で距離を近づける

せて活かし、成長して卒業を迎えられるか、ここにこの一年の全てが詰まっているような気がしたのです。

三、生き方を問う水俣病問題の授業とその後

(一) 水俣病問題を通して基本的人権の尊重を考える

紙幅の都合上、「とりたてての授業実践」の中でも「水俣病問題」についてのとり組み[5]を記します。二学期以降、国語科の学習や人権期間でのハンセン病問題の学習を通して平和の概念を拡げ、差別や偏見を無くすために「正しい知識をもつ」「真実を知ること」の大切さを表明してきました。

今なお続く社会問題のひとつである水俣病問題は、鹿児島県においてももっと自覚的にならなければならないテーマです。授業の一週間程前から、

(T)「卒業前にみなさんに伝えたい先生の本気のメッセージを送ります!」

と大きくうってでたのですが、それ以上に写真や患者さんの手記は大きなインパクトを持っていたようです。「しゃくらんしゃくとがっこうにいくと[6]」と「水俣病は辛く悲しい病気[7]」の二つの記述を読んでもらいました。しーんと全員が読む時間、聴こえるのは紙をめくる音だけ。

(C)「先生、これは泣いてしまうよ。すごいですね。本当にあったんですか? 信じられないです」

(C)「五年生の授業ってこんな感じじゃなかった」

(C)「なんでお母さんは元気で赤ちゃんはこういう症状なんですか? 差別もあったんですか?」

（C）「というか、なんで先生がこんなものを持ってるんですか？」

（T）「先生の裏の顔だよ（笑）」

（C）「いや〜。こっちの真面目な方が表であって欲しいよ。本当に！」

（T）「…………」

授業が始まる以前から子ども達は感じとっているようです。この豊かな感受性と人の生き様に鋭く反応する姿こそ、学年当初から信じていた可能性です。水俣病問題に対する学びの意欲、つまり「知的好奇心」（波多野誼余夫／稲垣佳世子）がみるみる高まっていきました。

限られた時間で学年百二十二人の子ども達の心にどれだけ刻み込まれるのか、真剣勝負です。当日は、鹿児島大学の前田晶子先生、そして管理職にも参観していただきました。

三十枚の解説パネルと二十枚の写真、裁判で使用された幟を用意し[8]、より当時を感じとれる雰囲気の中、ハンセン病問題の学びを想起することから始まります。

なお、授業実践は田中裕一先生による日本で初めての水俣病問題の授業「日本の公害―水俣病―」[9]を小学生向けに追試したものです。

（T）「前回、ハンセン病で差別や偏見に苦しむ患者さんから、差別をなくすために必要なことを学びました。何でしたっけ？」

（C）「正しい知識をもつこと。真実を知ること」

（T）「それでは知識を学んでいきましょう。年表です。初めて確認されたのは、一九五六年です。この時、排水が原因じゃないかと疑われました。みなさんならどうする？」

（C）「とめる。とめてほしい」
（T）「はい。しかし、この時とまりませんでした」
（C）「ええー。うそだ」
（T）「どの魚が毒になっているか分からないから止めないということです。みなさんが弁当を買いますね。その時に、『食べたら毒をもらう』ことは分かっている。でも弁当のご飯か、シャケか、卵焼きか、パスタか、どれが毒なのか分からないから『売り続けます』としたら、買う？」
（C）「買わない。絶対買わない」
（T）「でも、買う人はそれすら知らないのです」
（C）「ありえない」
（T）「でも、工場の中でも細川一さんという医者は原因を突き止めます。よく考えてみてください。自分の会社のことを秘密で調べるんです。そして、ネコを四百匹も使ってようやく原因をつかみます」
（C）「水銀だ」
（T）「そうです。この時、工場は原因を知っていた？」
（C）「はい。知っていた」「そりゃそうなる」
（T）「でも次みてください。（一九五九年）十二月、これから原因が工場と知っても訴えない、という決まりでお金を渡します」

写真集を見合う姿

パネルに見入る姿

（C）「はあ？　詐欺じゃん。あり得ない」
（T）「こういうあり得ないことが起きていました。では、話よりも当時の記録を見てみましょう。幟は触ってもいいです。どうぞ」
―見たり触ったりした後―
（T）「では、患者さんの願いは何だろう」
（C）「差別しないで」「これ以上広げないで」「健康な身体」「命を返して欲しい」
―中略―
（T）「では、工場は何を目指してたの？」
（C）「いい物を作る。作ってお金が入る。便利な物」
（T）「このお医者さん。細川さんです。この人は工場の人間です。でも医者なんです」
（C）「……命。患者さん」「自分の工場のこと調べたんだ……」
（T）「やはり医者なので人を助けたい。とてもつらい心情だったと思います。でも、工場より命を、真実を……」
（C）「患者さんを優先だ」「……良心」「絶対辛いはずだよ」
（T）「そう。自分の良心を貫いた。みなさんは昨日中学校に行きました。これから進路や生き方を考えていきます。社会科で習いました。自由によりよく生きる権利のこと」
（C）「基本的人権」
（T）「戦前の暮らしから自由に生きることが出来るようになりました。チッソがないとおそらく今の生活は成り立ちません。ゲームの液晶、ビニールのホースなど、チッソの力は大きいのです」
(C)「ええー。ほぼ全部じゃん」
(T)「でも、その便利な生活の陰で、こうした苦しみや亡くなった命があります。自由に生活するのも権利ですが、その中でも一番優先するのは何だろう」
(C)「命。健康」「家族」
(T)「そうです。何よりも命を優先するという判断。でも間違うこともあるでしょう。その時は?」
(C)「しっかりと謝ること」
(T)「です。最後に、今回はなかなか見れない当時の資料を用意しました。このパネル(10)は、生まれながらにして、意識がなく、食事をするのに一時間もかかる人の眼です。水俣病の問題は今でも続いています。申請しても百人に八人、八%(11)しか認定されないのです。こういった真実を知ってこれからの人生でしっかりと自分で判断して生きて行ってください」

最前列で聴いていた女の子たちの瞳は鋭く、時に険しく、そしてかすかに濡れていました。母親の胎盤に守られ生まれてきた奇跡の子ども達に、全力で伝えたい。そう思わせてくれたのです。

(二)「水俣病のことをより深く知ってもらい、教えていくこと」

授業を終え、子ども達はどのように考えたのでしょうか。

水俣病で苦しむ人々は、差別をうけてそんな中で生きているので、しあわせってなんだろうと思ったことがあると思います。何よりも命を大切にして欲しいことを願っていると思います。自分たちにできることは、数多くの人々に水俣病を忘れないでもらうことです。そのために、水俣病のことをより深く知ってもらい、教えていくことです。

（前任校・女児S）

病気と向き合う経験を有している子です。水俣病の症状もですが、それによる周りからの視線や対応など、自分と重ね合わせて書いています。「水俣病のことをより深く知ってもらい、教えていくこと」というのは、水俣病問題に対する想いだけではなく、S自身が世に発する願いなのかもしれません。

(三)「私のこれからの思い」

私は、今日の人権学習で「水俣病」について学習しました。五年生のとき、社会の授業で四大公害病として学習しました。その中でも水俣病は、鹿児島でも大きく広まってしまった病気です。私は、今日学習して感じたこととこれからの思いが三つあります。

一つ目は、工場から出る排水が水俣病にかかってしまう原因なのに排水を流すことを止めなかったことです。私はとても不思議に思いました。猫で実験をし、理由もしっかり分かっていたのに、どうして排水を止めな

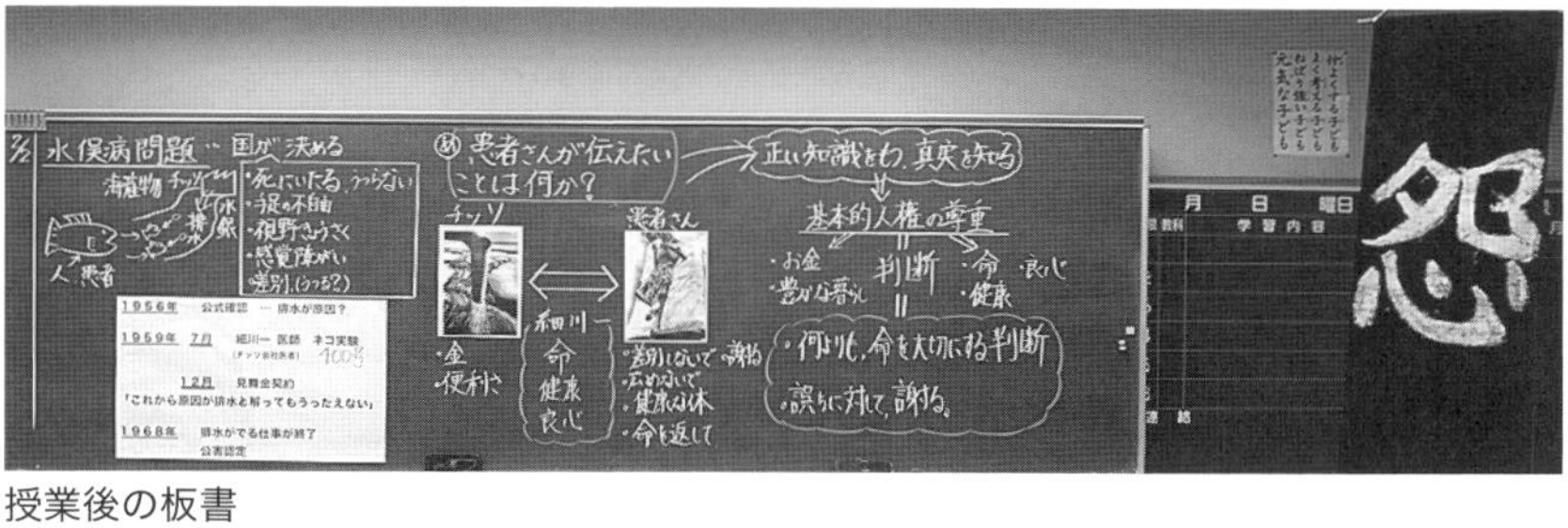

授業後の板書

かったのだろうと思いました。そして、工場の間違った判断が多くの人々を苦しめることになりました。

二つ目は、患者に対しての考えです。水俣病、人から人へうつることのない病気です。海からとれる、海産物を食べることによって起こってしまう病気なのに、家族が水俣病にかかったら、周りの人に見られるのが恥ずかしいという理由で、閉じこめられたり差別をされたりなど、大きなかん違いで水俣病にかかった人々は、苦しい思い、いやな思いをいっぱいしてきました。

三つ目は、私のこれからの思いです。私は、今でもかかっている人がいることを知って、苦しい思い、いやな思いをしているなら、助けてあげたいと思いました。そして、私がもしも人にそのような思いをさせてしまったら、しっかり謝ることのできる人になりたいです。

（前任校・隣の学級　人間関係で悩み続けていた女児Ｏ）

ありのままの自分を出せずに集団の中で苦しむ子ども達が多くいます。感想文は、その子が事象に対して「どう思ったか」ということだけではなく、書かれた内容や文字の背景にも心を通わせることが大事なのではないでしょうか。そのためには、子どもを知るというごく基本的なことが欠かせないのですが、それがあまりにも軽視されているように思います。事ある毎に「○○は本当にもう□□なんだから……」と嘆き、「○○はなぜ……」と問い、その子と共に教師も成長しようとする姿が少ないのが現実です。何気ない会話、ハイタッチ等のコミュニケーション、真剣に学び合う時の表情をみることなど、これらは「時間」があれば出来ることではなく、教師の心がけ次第なのです。

四、なぜ小学生に社会的課題を投げかけるのか

いたってシンプルです。人としての基本的な権利が奪われてきた事実を知ることなしに、どうして「人格の完成を目指し、平和で民主的な国家及び社会の形成者」（教育基本法第一条）になれるのか、そんなことはあり得ません。学校では人権週間なるものがあります。「この機会に標語を書いて発表しましょう」というお決まりパターンの後は、掲示して学級ＰＴＡに備えるというフルコースになります。

その結果どうなるのかと言えば「人権は大事だね」と書きながら、教室では平気で友達をバカにするというのが常です。もちろんそうでない場合が多いのですが、単にその期間にとってつけたように書かせただけでは実感をもって理解することはありません。

大人に都合の良い解答をし、結局は自分事として何も感じとってはいないのです。いかにして自分事の問いへと深化させるか、それは身近な問題との往還で事象を考えさせること[12]以外あり得ません。

（一）社会的課題を通して自分達の今を見つめ直す

五年生の理科では「人のたんじょう」を学習します。下ネタ大好きな子ども達と学び合った現任校での実践[13]です。単元の最後に「なぜこの学習をするのか」というテーマで実施しました。扱う内容は、胎児性水俣病問題と性被害の問題についてです。

（Ｔ）「チッソはプラスチックを変形させることに大きな役割を果たしました。ホースやバケツ、ゲーム

の液品。ほとんど全てです」
（C）「でも、自分が母体だったらそんなのは許せない。今便利だけど命だもん」
（T）「今でも苦しんでいる人がいます」
（C）「絶対苦しいと思う。怒り狂いそう。私」「悔しい」
（T）「そういう真っ当な感覚がかなり大事です。せっかく宿った命を毒される。でもね、世の中にはこの命よりも自分の欲望を優先する場合もあるんだよ」
（C）「出た！　男子の下ネタだ！」
（この後、二〇一八年ノーベル平和賞を考え合う）
（T）「僕たちの下ネタとかあれダメなやつだった……」
（C）「女は物じゃない！」
（T）「そうなんです。命が宿るってかなり奇跡です。みなさんは奇跡のかたまりですよ」
子ども達はどのように受けとめたのでしょうか。

　ぼくはいままでの学習の中でこの学習が一番集中しました。水俣病のことを聞いて、教科書とはちがう本当のことを

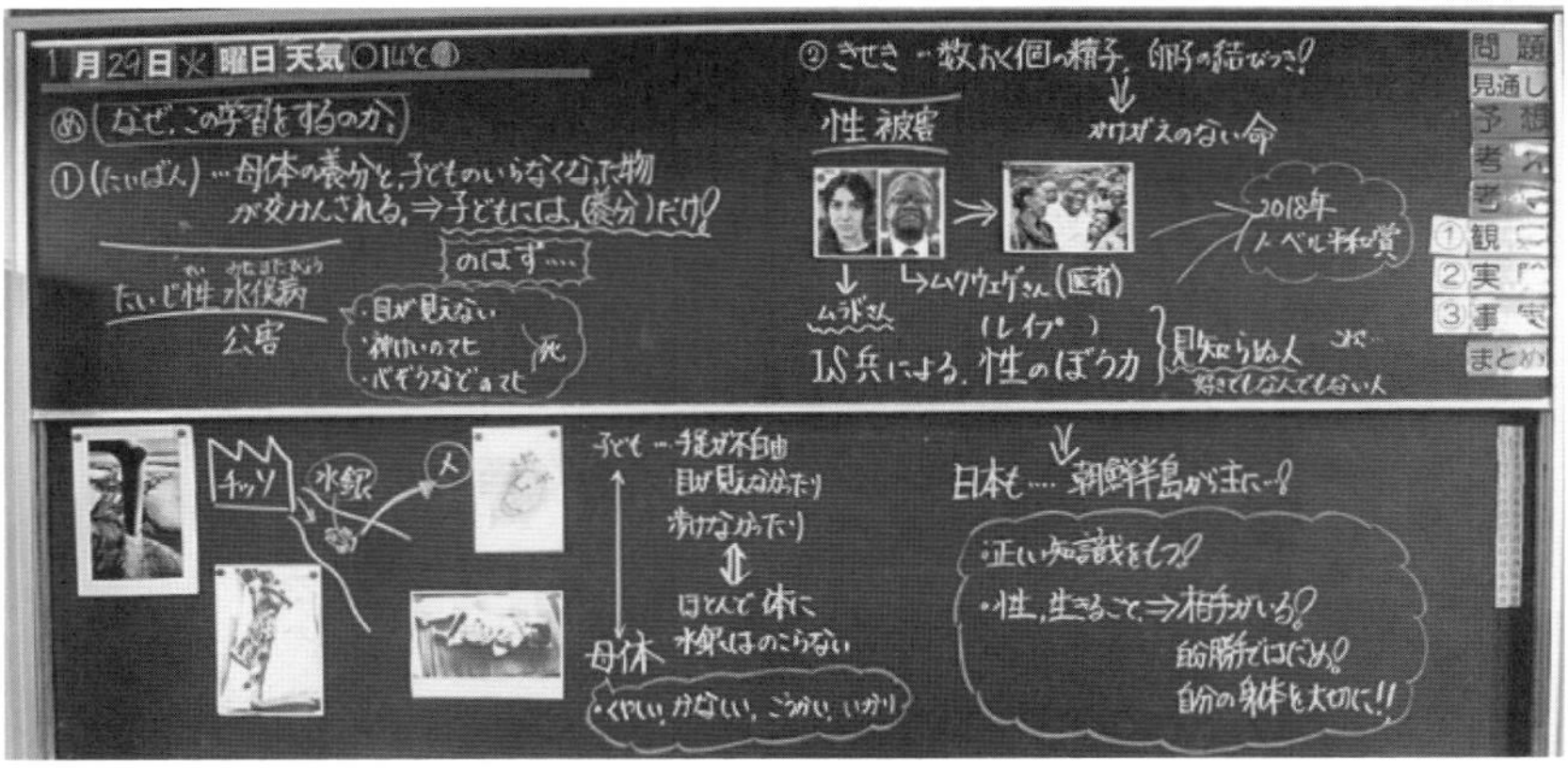

授業後の板書

聞いて鳥肌がたちました。

そして、いつも言っていたことがダメなやつで、自分たちだけふざけて、周りをいやな思いにしているることに気づきました。お医者さんはずっとひがいにあった人を助けてすごいと思います。ぼくが言ったりしていたことは、人を苦しめることでした。

大人になったら自分の子供に一番大切なことを教えたいです。


（現任校・男児K　初出の感想をもとに対話し再度書き直したもの）

初めて思ったこと！　この前書いた「命は大切な物」（日記みたいな…）を読んでいただけましたか？　どうだったでしょうか。私はあの「しゃくらんしゃくと」の紙を読んだ時、とても苦しく、思ったことがあります。がんばって産んだ子供が小さい時（おさない）に命を落としてしまうことがあるんだと。母親はこう思うでしょう。
一、なぜ私ではなくこの子供がマヒになったのか。二、産まれた時のあの嬉しさはどこへいってしまったのか。三、魚を食べなければ良かった。四、工場はつぶれてしまえ。人の命をうばうのならば……。五、とても悲しい　苦しい　悔しい。
今では自殺する子も増えています。なのでなぜ「命・人権を大切にしないのか」と思っていました。でもその裏側には「いじめ」や「いやがらせ」をする人がいたからです。学級でもそうです。もっともっと「いじめ」「いやがらせ」をなくして楽しい人生を送ってほしいと私は考えています。

もし私が子どもをうんだ時には「命を大切にしてほしい」ということを絶対に伝えたいと思いま

す。

（現任校・女児N　初出の感想をもとに対話し再度書き直したもの）

子どもは教えられたことを単にすんなり受けとるだけの存在ではありません。

（二）「物事の考え方や見方がたくさんある」—中学生へのアンケートから—

前任校で共に暮らした六年生は、中学校へ進学し頑張っています。年間わずか三本だけの「とりたての授業」でした。どこまで社会的課題の本質にせまれたのかは分かりませんが、中学生になった子ども達がそれぞれ自分事として向き合っています。小学生の時に受けた私の授業に関するアンケートの主な回答を紹介します。

・偏った考え、偏見をもつのは、正しい情報を知らないから。なので、ちゃんとその人にどのように接して良いか分からず、偏見につながる。気をつけているけど、なかなかできないし、できていないと思った。
・私達が生きていることは決して当たり前のことではない。
・先生がもっていた（患者さん手作りの）財布に衝撃を受けた。絶対に忘れてはいけないこと。
・自分の何気ないことが、もしかしたら人に迷惑をかけたりしているということ。
・自分の判断で勝手に物事を決めつけてはいけない。
・公害や差別が過去ではなく今も終わっていないと思った。日本はいったい現在はどんな状況なのか知りたくなった。
・物事の考え方や見方がたくさんあるということが分かり、物事に対することも、いくつかの見方をするようになった。

(三) 政治と教育の問題について

政治と教育の問題を学習論の立場から考える最良の資料は、岩田好弘「『地域学習指導十二年計画試案』づくり覚書」[14]に尽きると思います。ぜひ読んでいただきたい内容です。ここでは、教師の子ども観についてふれたいと思います。

昔から変わらない「臭い物には蓋をする」政治の体質は、今も挙げればきりがない程の事例がありま す。学校も働き方改革と謳いながら「外国語科」「プログラミング教育」と矢継ぎ早に盛り込まれる矛盾だらけの苦しい現場です。そしてもっと苦しいのは子ども達でしょう。見切り発車の政策に振り回される教職員のもとで授業を受けるのです。だからこそ自分で考え、「判断」し、何が真実かを見極めながら世の中を生きぬかなければなりません。それが「良識ある公民として必要な政治的教養」(教育基本法一四条)ではないでしょうか。そうでなければ、皆が幸せに生きることなど不可能でしょう。物事の背景は何か、根本は何か、原点は何か。「物事の見方や考え方がたくさんある」ことを小学生の時にこそ気づかせたいものです。

教育の中で政治を語り合うことは、今ではなく未来に向けた対話です。そして、教師は子ども達を単に小学生としてだけではなく、過去や家庭状況等も含め、今後の人生を見据えた生を全うする「主体」として捉えるべきです。だからこそ子ども達によく問う質問があります。例えば喧嘩の時、「○○の思いは分かった。でも相手はどう思ってたんだろうね。……それって本当？」と。公害教育運動を担った教師たちは、自分の目で確かめ、当事者から謙虚に学んでいました。「情報は事実から発信しているとしても、事実そのものではない。調査をするということは、情報と事実の関係を吟味させてくる」[15]という原則は、日々の子ども達との生活の中でこそ引き継ぎ、手放さずにいるべきです。子どもが発する多様なメッセージ（「声」に限定しない）に、思いを馳せてみませんか。

五、「子ども基本計画」への提言

（一）子どもは変わる

前任校の子ども達（第二節）の一年後です。「男女仲が良いよね」「あの動き出しの速さは気持ちがいい」「このクラスは学級で友達をフォローするのが日常になっていますね」と言ってもらえるまでに成長しました。新しい伝統を創るべく、全学級と遊ぶ計画やなわとび交流、朝ボラなどを自分達で企画し、役割を与え合って実行していきました。

もちろん、一学期は「群れる」子ども達の中にかなり入ってじっくりと対話をしました。しかし、二学期以降は見守ることが多くなりました。子ども達が安心した言葉があるそうです。それが、

日常的な学び合い

学校のためにできることをする

「自分たちが『いいな』と思ったこと、『人に喜ばれる』と思ったことに対して動いてみてください。相談もいつでもしてください。何かあったときの責任は先生がとりますので、皆さんは積極的に動いてみてください。動いた者にしか分からない成長があるはずです」

でした。本当に色んな企画をやってくれましたし、その中で互いの人となりを知っていきました。

そんな子ども達が何を感じたかは、子どもの記録の方がリアルに伝えてくれるでしょう。卒業サプライズメッセージの裏面は、私の宝物です。

(二) 子どもも教師ももっと原体験を語ろう

五年生の時に裁縫セットで友達の制服を切った子が「先生は僕を信じて変えてくださった。僕にとって恩人です」と書いて渡してくれました。本当に嬉しかったです。どんな子どもであっても「成長したい」「変わりたい」「伸びたい」という願いをもっています。その願いを受けとるか否かは教師次第です。そして願いを叶えられる学級にする責任も教師にあります。

初任一年目の一学期にかなり悩んで、子ども達を苦しませた時期がありました。以降、学級経営の本は毎年何冊も読みます。マネジメントしたり見とったりする技は書店に行けばいくらでもあります。

しかし、子どもが生き生きと生活したり素を出したりするかどうかは、教室の風土に関わってきます。かつて「本当にアットホームで家族という感じの皆さん(16)」と評して頂いたことがありました。

それを聞いて子ども達も私も、ものすごく嬉しかったのを覚えています。思い返せば、日々私自身の経験や願い、テレビの話や恋愛の失敗談など「雑談」ばかりだったと思います。子ども達も少年団の愚痴や親との喧嘩、アイドルグループの話など、とにかくよく話をする日常でした。優しい子ども達です。ある子が学校に来にくい時には、どうしたら迎え入れられるのか、保健室にお願いしても良いのではないか、席の配置を変えてみてはどうか等、自分事として代案を出し合っていました。

　子どもも教師も同じ一人の人間です。「教えられる—教える」という関係だけではなく、もっと人間としての素の対話が今こそ必要でしょう。具体的な経験や自分史を語り合うことを通して、自己開示できる安心・安全な居場所を創るべく、教師は「私」として原体験を語りたい[17]ものです。語る方法を多様にすればするほど、子どもも教師も語りやすくなるのでしょう。今でも卒業生からはＬＩＮＥが、現任校ではテストの裏面や付箋に様々な「メッセージ」が記されています。それぞれ生き方が違えば、願いや悩みも違います。だからこそＡＩにとって代わるこ

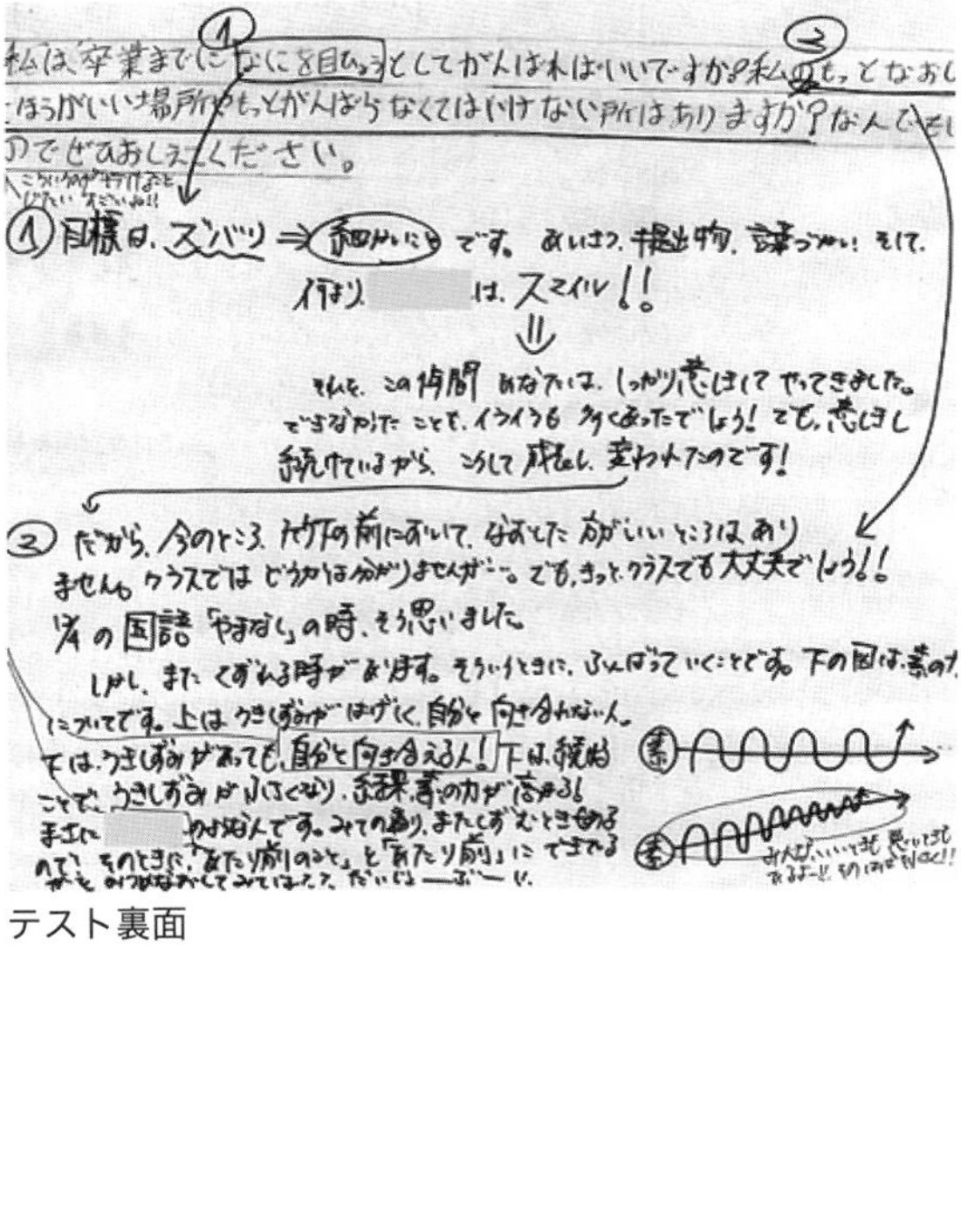

テスト裏面

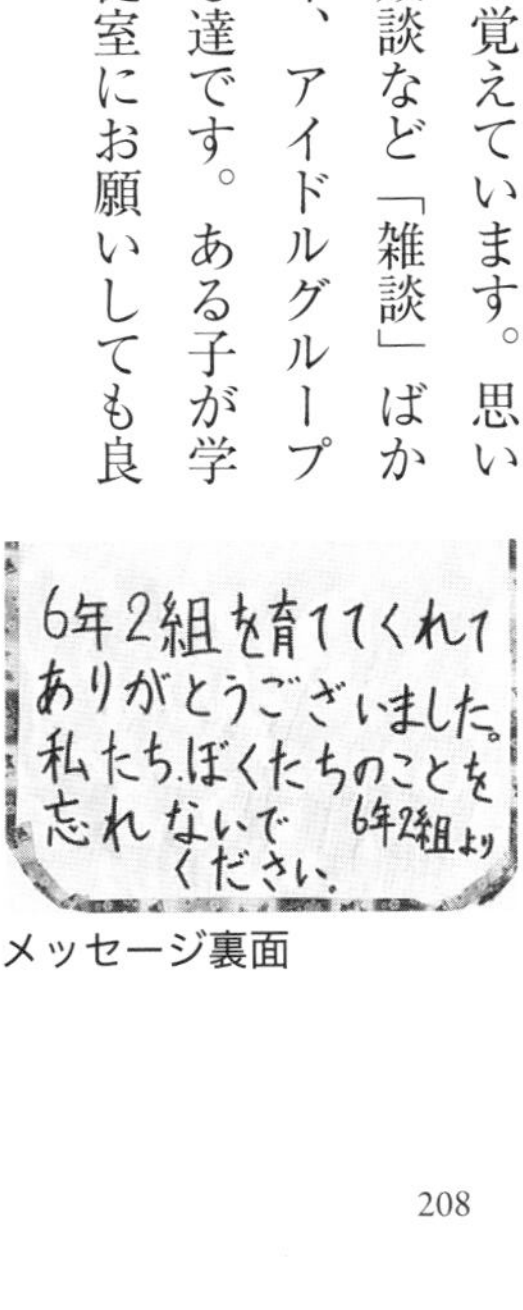

メッセージ裏面

との出来ない「人として生きる」[18]営みが在るのです。

岡本夏木は、しつけを「仕付け」とした上で、仕付け糸をはずすことの重要性を「しつけられる側の論理」から説いています。「自分の要求」と、愛する「親（先生）の要求」の対立葛藤に苦しみ、乗り越えながら「人間の生き方の基本」を学んでいきます。[19]しかし、その根底には、子どもと教師（親）の愛情や信頼関係があることを忘れてはなりません。原体験の聴き合いや語り合いを通して、確かな関係性を育むことは、教育活動（育児）の基礎です。

毎日娘に読み聞かせをしています。すると長女は次女に読み聞かせをしていたのです。四歳児でも自分の想いと相手の願いを汲みとって生きることができると気づかせてくれました。教師としては「幼児期」への視点を、親としては「子育てを楽しむ気持ち」を、今後も持ち続けたいと思います。

（三）「自分の人生を置いていきたい」

ある日、机の上に一通の手紙が置いてありました。怪我で大好きなサッカーを出来ない子が、黙々とボール拭きをしていた時に声をかけた翌日です。

竹下先生へ
きのうは声をかけていただき、ありがとうございました。とてもうれしかったです。いそがしくつかれているはずなのに声をかけて

長女と次女

くれるなんて…。（サッカーが出来ない私に）ほんとうにあの言葉で私は救われたと思います。…きのうは本当にありがとうございました。

（現任校・女児M）

私の何のどんな言葉がその子にヒットするかは分からないからこそ、色んな話をしてみるのです。そして、やりとりを通して得る辛さや嬉しさを含めて、教師という生き方が愉しいのです。しかし、現在、教師志望の学生が少ないと聞きます。母校で拙い実践報告をさせてもらった時の感想文[20]（抜粋）です。

（前略）教師という仕事は素晴らしい仕事だなあと強く思いました。……原体験を大切にする教育というものは、こうして実現できるのだなと希望をもちました。大人も子どもも、それぞれの人が人生における重要な出来事を経てここまで来た、誰にも替えられない存在同士であること。その物語を、出会った人どうし交流させ合うこと。それはできないことではないし、とても素敵な意味をもったことだと感じました。……私もこの流れの上に、自分の人生を置いていきたいと思うようになりました。

子どもの生き様は大人の心を突き動かしてくれます。

福島達夫は公害教育運動を担った教師たちの共通性として「やさしさ」＝人間性・倫理性と「するどさ」＝科学性を挙げています。引き継がれる真の環境教育は「人間の生き方を問うひろい人間文化に支えられた人権（ヒューマンライト）の教育[21]」であり、文科省のそれとは全く異なります。本物の環境教育は教育そのものの根幹を為すのです。子ども達を一人も見捨てず、小手先の勝負ではない、じっくりと聴き語り合う永い営みを、これからも続けていきたいと思います。

〈注〉

1　多くの文献があるが、大森享（二〇〇四）『小学校環境教育実践試論―子どもを行動主体に育てるために―』（創風社）では教育実践とその分析が詳細に記されている。

2　田中裕一（一九九〇）『石の叫ぶとき―環境・教育・人間 その原点からの問い―』原田正純監修、未来を創る会編集。

3　・藤岡貞彦（一九八五）「日本における環境学習の成立と展開」福島要一編『環境教育の理論と実践』あゆみ出版、一三一～一五一頁。

・田中裕一（一九七五）「告発から克服へのひとつの試み―現代の教育のはざまで―」熊本展望、四三頁。

なお、大田尭（二〇〇七）『教育とは何か』岩波新書（一九九〇年初版）の「『どう生きるか』の問いは、人間にとっては生涯にわたる問い」七四頁、という言葉から、筆者は教育を「生き方」の視点で考えるようになった。

4　東日本大震災以降、公害教育運動を捉え直す共同研究が行われている。

・安藤聡彦（二〇一五）「公害教育を問うことの意味」日本環境教育学会編『環境教育』vol二五 №1、四～一三頁、

・安藤聡彦（二〇一七）「公害教育運動の再審」東京学芸大学環境教育研究センター研究報告『環境教育学研究』第二六号、三～一八頁を参照。

5　学級経営を含めた教育実践の詳細は、拙稿（二〇一八）「環境・平和のための教育実践は子ども・保護者・教師を変える―社会的課題や自分と向き合い葛藤する人間の権利としての環境教育実践試論―」地域民主教育全国交流研究会全国集会分科会報告資料等を参照。

6　水俣芦北公害研究サークル（二〇〇七）『水俣病・授業実践のために 学習材・資料編』水俣芦北公害研究サークル、四四頁。

7　中原八重子（二〇〇七）「水俣病は辛く悲しい病気」特定非営利活動法人水俣フォーラム『水俣フォーラムNEWS』

第三一号、六～九頁。

8 ・一般財団法人水俣病センター相思社（二〇一〇）『図解水俣病 水俣病歴史考証館展示図録』一般財団法人水俣病センター相思社。
・桑原史成（一九七〇）『写真記録 水俣病 一九六〇～一九七〇』朝日新聞社。
・「怨」の幟は鹿児島市在住の鎮守寛先生が裁判を傍聴した時に頂かれたものを筆者が譲り受けた。なお、筆者は修士論文において鎮守寛先生のライフストーリーを描かせて頂いた。「宮里・鎮守」（藤岡貞彦）として鹿児島県における公害教育運動の生成に携わった元教師である。出水市における水俣病問題にいち早く気づき高校生と共に地域調査をされた。誰がどのよう関わり、どのような運動があったのか。それとも無かったのか、出来なかったのか。一九七〇年前後の出水市における水俣病問題については、まだ何も分かっていない。資料の収集および整理も含めて、本県においてはもっと自覚的にならなければならない。

9 前掲『石の叫ぶとき―環境・教育・人間 その原点からの問い―』本書は社会的課題をどの様にして教材化するのか、その視点も記されているので、ぜひ一読して頂きたい。

10 「生ける人形」とされた松永久美子さんのパネルである。田中裕一先生が桑原史成の『水俣』をパネルにしたものである。妻である田中千勇子さんから譲り受けた。

11 高峰武（二〇一六）『水俣病を知っていますか』岩波ブックレット、六頁「表1公害健康被害補償法による認定者」から試算。

12 中村行秀（一九八九）『哲学入門 生活の中のフィロソフィー』青木書店、一二三～一二七頁。

13 教育実践の詳細は、拙稿（二〇一九）「子どもたちの成長と未来に向けたとりたてての授業実践―下ネタ好きな五年生との水俣病問題の学習を例に―」鹿児島子ども研究センター『かごしまの子ども』第三六号、七六～八七頁参照。

14 岩田好弘（二〇一八）「『地域学習指導一二年計画試案』づくり覚書」民主教育研究所『下北半島の未来を紡ぐ―地域、教育、民主主義―』民主教育研究所年報二〇一七、第一八号、一七八～一九五頁。

15 福島達夫（一九九三）『環境教育の成立と発展』国土社、四三頁。

16 二〇一八年二月二日、授業実践後に前田晶子先生から頂いた言葉。

17 田中睦（二〇〇四）「水俣病と教育」原田正純編（二〇〇七）『水俣学講義第三集』日本評論社、一三〇頁には先輩教

師に水俣病患者さんの家に連れて行ってもらった後、自身が水俣病問題へと開眼する過程も記されている。

18 原子栄一郎は水俣病認定申請患者協議会元会長の緒方正人の自己変容の軌跡を「人として生きる」こと全体である、と言う。原子栄一郎（二〇一七）「日本における社会批判的環境教育としての公害教育」東京学芸大学環境教育研究センター研究報告『環境教育学研究』第二六号、二八～三六頁。

19 岡本夏木（二〇一七）『幼児期―子どもは世界をどうつかむか―』岩波新書（二〇〇五年初版）、二二～六六頁。

20 野呂美紗貴「竹下先生講話の感想」二〇一九年八月四日、東京学芸大学にて。

21 前掲『環境教育の成立と発展』二〇〇～二〇一頁。

コラム⑥　しまのくらしから学ぶこと—昔話で学ぶ島のくらし—

妖怪ケンムンのいる奄美の森

小妖怪ケンムンは、シマ（集落）のはずれ（境界）でよく見かけられると聞きます。奄美の子どもたちは、怖がりながらも、ケンムン話が大好きだそうです。

二〇一四年に、（一財）鹿児島県青年会館艸舎では、「鹿児島・ふるさとの昔話　奄美のもりから—もりのはなし—」というタイトルで奄美をテーマに読書活動に取り組みました。「奄美民話の会」を主宰し、『わらべうたを子育てに』などの著書がある嘉原カヲリさんに、奄美のわらべうたや島唄、昔話を保育の現場や子育てに取り組む地域の実践を紹介していただきました。

読書活動の中で島唄を学ぶ（写真　艸舎）

磯遊びをする子どもたち（写真　嘉原カヲリ）

奄美の森（写真　常田守）

嘉原さんたちは、奄美の保育園や地域で、絵本の読み聞かせやわらべ唄やことば遊びなどを親子で楽しみ、古老たちに奄美に伝わる民話を語ってもらう活動を続けてきました。また、奄美の子ども達は、日常の中で、経験豊かなお年寄りと一緒に、川遊び、磯遊びを楽しむことができています。そして、お年寄りから繰り返し昔話を聞いているそうです。昔話に登場する生き物に会いに「森の達人」である大人の案内で、夜の森にも出かけます。野鳥観察や博物館、農家のヤギにも会いにいくそうです。子どもたちは、そんな五感を最大限に生かした体験を通して、対象をじっくり観察して表現する力を身につけます。そうしてはじめて自分で自由な絵を描き、紙芝居をつくっていきます。大自然を先生に昔話の世界を遊ぶこと、この「あまみ子どもライブラリー」の活動を通して多くの「あまみ民話絵本シリーズ[1]」が誕生しました。奄美の子どもの読書活動には、生き物の専門家や地域のお年寄りの協力があり、大人が自然に子どもの遊びや想像力を育む環境があることをあらためて発見できました。

奄美の島を艸舎の活動のテーマに取り組むことを決めた後、実際に「森の達人」である常田守さん[2]に夜の金作原の森を案内してもらいました。小さな生き物を踏まないように気をつけながら車で山道をのぼります。明かり一つ見えない漆黒の森の中に、オットンカエルの鳴き声やオーストンオオアカゲラの木をつつく音に耳をすませました。ハブが横切るのを待ち、アマミノクロウサギの動く気配や赤く光る眼に胸を躍らせ、森の闇に圧倒された思いは今も鮮明に蘇ってきます。奄美子どもライブラリーや嘉原さんの保育園で昔話を繰り返し聞いた子どもの心に残る森は、その子の人生にどんな影響を与え、生きる力になっているかを考えました。

しまのくらしから学ぶこと

二〇〇一年から艸舎で取り組んできた読書活動では、ここ数年「かごしまの昔話」をテーマにしています。これまで、奄美をはじめ、甑島や種子島と県内の離島を取り上げることが多くなりました。昔話の世界で、鬼や山姥、妖怪のカッパなどはなじみの存在です。また、サルやカニ、スズメやハチなど身近にいる生き物が登場し、地域の山や川、海や森が舞台となっています。昔話の世界やわらべ唄の調べが息づいている場所をたどっていくと、どうしても鹿児島の島々に辿り着きます。

昔話で語られる妖怪や、年中行事、伝統芸能で取り上げられる神々は、人々が自然にどう向き合い、力を合わせて生きてきたかを伝えるくらしの知恵の象徴でした。嘉原さんによると、奄美の島々でも言葉が変わり、それにつれて語りの場や子どもの遊びの形も大きく変わりつつあるそうです。特に固有の自然や文化を大切に育んできた島では、語り継いできた昔話やわらべ歌、行事などを次の世代に繋いでいこうと努力をしている人たちが多くいるように思います。その実践例は、青年会館で取り組む若い人たちに鹿児島の郷土の歴史や文化をどう伝えるかという取り組みに多くのヒントを与えてくれます。「地域再発見のための読書活動」のテーマに度々島が現れるのも必然だったと言えます。

取り組みの中では、民俗学の専門家に講義をお願いし、地域の年中行事や伝統芸能、様々な民俗文化伝承についても話をしてもらいます。季節に訪れる仮面の神々（来訪神）、トシドン（甑島）やメンドン（硫黄島）などが現れる島の行事からは、一年のはじまりと新たな命への再生の祈りが込められていることを知りました。また、種子島に伝わる赤米のお田植えの神事は、大陸から日本への稲作の伝来を想起させるものでした。また、奄美の島唄を伝える若い人たちからは、島唄には、教訓歌、仕事歌、恋愛歌、祝い歌などくらしの知恵や心の持ちようなどが歌詞に織り込まれていることを教えてもらいました。

島々の伝統芸能などを学んでいく中で、大隅半島に奄美由来の踊りがあったり、種子島と同じテンポの太鼓が北薩地方にも存在したりすることなど大変興味深い発見もありました。そんな中から、鹿児島に古くから伝わる文化がヤマト文化（本土）と琉球文化の境界に位置することを知りました。そして、その手がかりは鹿児島の島々にあることにもあらためて気づかされます。

宝島をさがして

二〇二〇年の読書活動は一つの節目を迎えます。二十年目のテーマは「宝島をさがして」です。離島をテーマにし、トカラ列島（十島村）を取り上げます。本土から種子島、屋久島、三島村からさらに南へ、七つの島が奄美までつらなります。鹿児島市からは船が三日ごとに一往復出ているだけの島々です。ヤマト（本土）文化と、南の琉球（沖縄・奄美）の文化が根をおろし、今でも貴重な行事や祭り、信仰が残っている[3]といわれています。旧暦八月（新節・あらせつ）の時期、悪石島には、ボゼという仮面神が現れます。ボゼの出現は、「悪魔祓い」・「魔祓い」・「厄除け」のために始まったと伝えられています。島の人たちはボゼから赤シュイ（水で溶いた赤土）をつけてもらい、悪霊を追い払ってもらいます。

見えないものの存在を怖れ、それまでの日常が揺さぶられる体験をしている世界です。未来を予測し、計画的に物事を進めることに慣れ、常に安心安全を確かめることができる世の中が、もう当たり前ではないという不安は、私たちの心に静かに広がっています。

島の人たちは、目には見えないものの気配や変化、自然からの警告を敏感に感じながらくらしの知恵を育んできたように思います。島では先人たちの知恵を、祭りや行事、昔話や遊び、唄の中に織り込みながら、次世代に伝えてきました。トカラ列島の七つの島の中には、宝島、小宝島と呼ばれる島もあり、トカラ列島そのものが宝の島であったことが想像できます。若い人たちと一緒に読書活動を通じて、何が宝の島なのかをさがすことは、これからの時代、とても大切な取り組みだと思っています。

〈注〉

1 『あまみ民話絵本1~8』奄美民話の会により、一九九〇年から二〇〇三年にかけて発行。子ども達の手づくりの紙芝居をおはなし会や高齢者とのふれあい活動で披露してきたものを絵本にまとめたもの。嘉原カヲリ(よしはら・かをり)奄美民話の会、あまみ子どもライブラリー主宰。太陽と水と土の保育理念にもとづき、保育に奄美の伝統文化を取り入れている。

2 常田守(つねだ・まもる)奄美自然環境研究会会長。二〇二〇年度野生生物保護功労者表彰・環境大臣賞受賞。奄美大島で約四十年環境保護活動を続けてきた。自然写真家としても活躍、世界に誇れる奄美の自然のすばらしさを守りながら、その魅力を発信している。一九九七年ごろから環境省の自然公園指導員、二〇〇三年からは希少野生動植物種保存推進員。

3 下野敏見『トカラ列島の民話風土記』榕樹社、二〇二〇年。

第七章　青年組織

地域文化継承から生きる学びをたぐりよせる

―青年組織の学習活動の胎動―

一般財団法人 鹿児島県青年会館 艸舎　池水聖子

一、鹿児島県青年会館「艸舎」―地域文化継承への取り組み―

（一）鹿児島県の青年組織のこれまで

鹿児島県青年会館は、一九七五年、鹿児島県の青少年育成と地域文化振興を掲げ建設されました。同時に財団として設立されました。戦後の青年団組織は、多くの首長や地方議員など、地域リーダーの人材育成の役割も担っていました。今でも、青年団経験者たちは、地域の公民館や子ども会、ＰＴＡや婦人会のメンバーと地域のコミュニティの中心的な存在として活躍している実態があります。

鹿児島県の青年団員数は、戦後の最盛期には、二万四一五〇人に上りましたが、高度経済成長期に多くの若者が都会へ流出し、一九七五年には、その半分の一万二一四〇人まで減りました。その後ゆるやかに

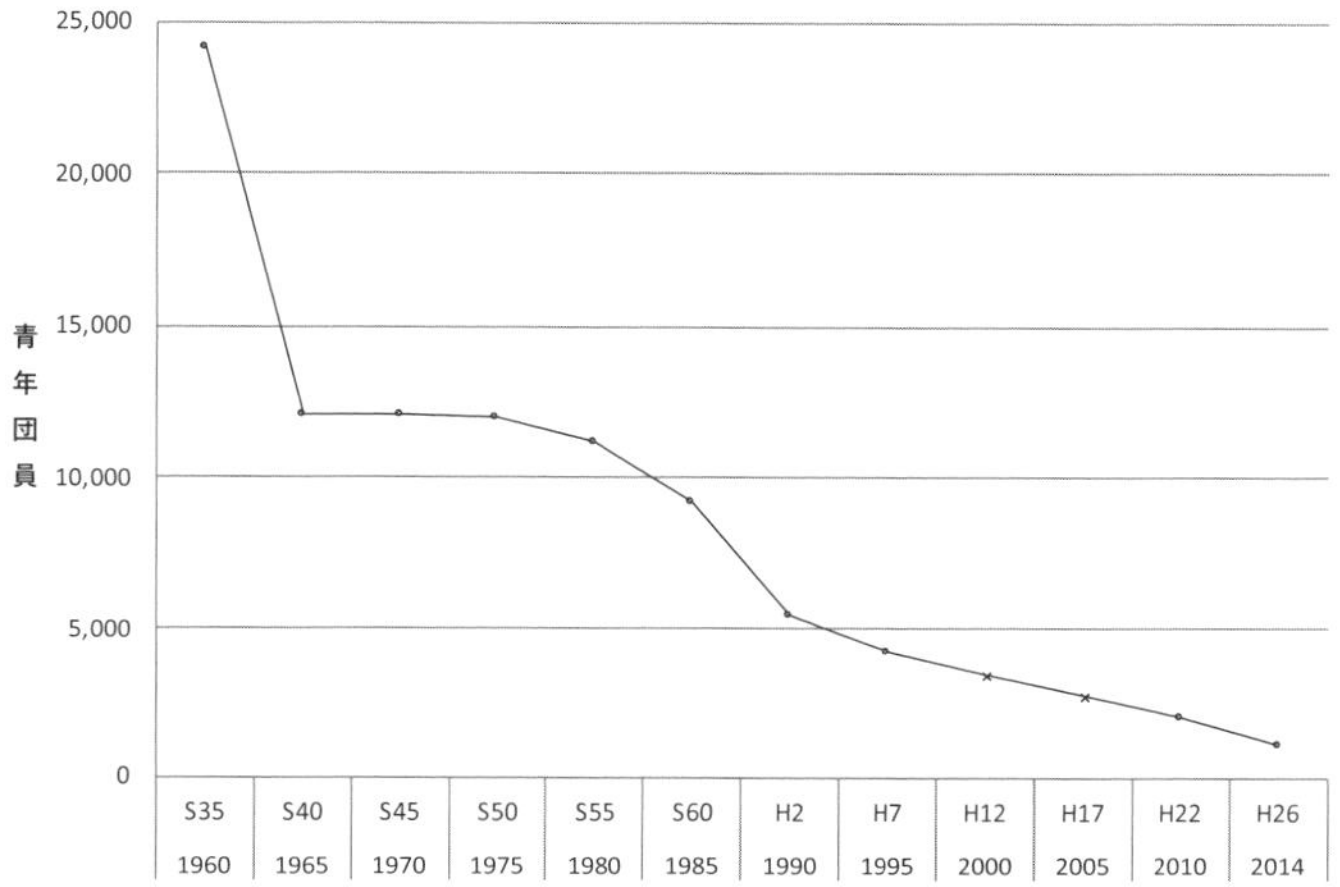

図　鹿児島県青年団員数の推移

減少傾向となり、現在では、二千人弱となっています（離島を含む）。しかし、県内の若者が少なくなっているにも関わらず、青年団員数はここ数年横ばい状態で、青年団が新たに復活しているという現象も生まれています。私たちはここに注目し、改めて今の青年団（青年組織）の現状を調べることにしました。鹿児島県は平成の市町村合併により自治体数が九十六市町村から四十三市町村に減少しました。市町村単位でまとまっていた青年組織もその影響を大きく受けたことが想像されます。市町村合併がひと段落した二〇一四年、青年会館内の組織である青年問題研究所で「市町村における青年組織の実態調査」（以下「二〇一四年青年組織調査」[1]）を実施しました。その結果、現在、県内には青年組織が三十八組織存在することが分かりました。さらに注目すべきことに、青年組織のうち二十二組織が市町村合併前後に設立され、その後も合併後の市町村単位で青年組織が新たに誕生しているということが分かりました。

(二) 鹿児島県青年会館「艸舎」の誕生

(一)で述べたような歴史的な背景を持つ鹿児島県青年会館は、二〇〇一年、場所を移転し、二階建四〇〇㎡程度の小さな新館を建設しました。

新館は「艸舎」という名前を新しくつけました。「艸」は草という意味です。鹿児島の青年よ、雑草のようにたくましくしなやかにという願いが込められています。「舎」は、鹿児島の伝統的な教育、郷中教育の学び場を「舎」と呼んだことにちなんでいます。時代の転換期に多くのリーダーを輩出した鹿児島の教育の風土を引き継ぐ思いが、この新しい名称「艸舎」に込められています。

現在の「艸舎」は、青年団や青少年活動のみならず、地域の子どもから大人まで様々な人たちが利用しています。合唱やオペラの練習、文学講座や体操教室、レクリエーション指導者養成講座など、利用者の目的は様々です。鹿児島県の離島の子どもたちのために宿泊が可能な設備も整えました。現在は、県外からのスポーツ遠征の合宿所としても利用されています。

ここ青年会館には、旧館から鹿児島県青年団協議会の事務局が置かれ、県の青年団の拠点として重要な施設です。ここ青年会館では、年間を通じて青年対象の研修会や交流事業を実施、「艸舎」は、新たに読書活動など文化事業にも取り組み、県内外からも青年団以外の若い人たちも集まり、対象の幅は大きく広がりました。

二、鹿児島の若者・青年組織に見る新たな胎動

(一) 新しい時代の「青年団」—長島町青年団の復活—

新たに市町村単位で青年組織が誕生した中に、二〇一九年春に復活した長島町青年団があります。長島町は、八代海を囲みながら天草諸島の南、県境に位置する島です。豊かな自然に恵まれた島はブリの養殖やジャガイモ生産など農水産物が全国に出荷されています。二〇〇六年旧長島町と旧東町が合併した後、各町の青年団組織は自然消滅の状態でした。十年以上の空白を経て、青年団が新たに復活しました。設立総会では、「地域づくりに役立てるよう、気負うことなくイベント参加や他地区の青年団との交流を進めたい」と初代団長が活動の抱負を語っています。役場職員の女性副団長は、「民間の若者にもどんどん参加してもらい、仕事の悩みを語り合う場に」と呼びかけました。

この長島町青年団の復活には、おおよそ八年ぐらいの時間を要しています。これまで県北薩地域、周辺の出水市高尾野青年団や野田町青年団などが長島町の青年たちと交流しながら働きかけてきました。さらに、長島町の青年団OBや教育委員会の担当者の支援、最終的には、「若い人が集まる活動は必要だ」との町長の決断による財政的な後押しもあり、ようやく実現したものです。青年組織を結成することは、容易なことではありません。しかし、鹿児島県では、各地でこのような新しい動きが見られます

「今なぜ青年団か」と思われますが、人口減少が進む地方では、地域コミュニティの維持や地域文化継承において、青年団のような若い人たちの集団が改めて求められています。近年の自然災害による被害の

復興状況を見ても、青年組織的なものの有る無しが、地域に大きな差を生んでいるように思われます。特に若い世代が主体的に活動している地域では、伝統芸能の復活がいち早く取り組まれたり、商店街の一部が甦ったりと再生力が強いといえます。

自分たちの地域を維持していくためには、そのコミュニティにおいて特に若い人たちのかたまり、つまり組織的な存在の有無が、今後の地域の将来を左右するといってもいいほどです。青年組織の結成は、地方においては切実な問題なのです。

長島町青年団の復活は、これからの長島を担う若い人たちへの期待と、彼らが自由に集まり、楽しみながら自分たちが生活する地域のことを考えて欲しいという地域住民や行政の願いが込められた、新しい「青年団」の動きです。行政まかせではなく、自分たちの地域のことは自分たちで解決していく—そんな若い人たちへの希望でもあります。

(二) 鹿児島県の若者と青年組織の現状

新しい「青年団」の再生の動向をみてきましたが、数字をあげながら、現在の鹿児島の若者や青年組織の状況を述べたいと思います。鹿児島県教育委員会がまとめたデータ(2)によると高校卒業者の県外への就職率は約四五%です。約半分の若者が県外へ出て行っています。ここ数年、鹿児島県は、宮崎県とトップを争うような状況です。二〇一九年春、地元紙は「若者の県外流出が止まらない」という記事を出し、高卒のみならず、大学・短大卒の若者も県外へ出ていることへの危機を報道しました。鹿児島県から多くの若者が流出している現実があるということは、無視できないことです。

「二〇一四年青年組織調査」で明らかとなった青年組織再生の動きは、個の時代と言われてきた現代社会において、新しい胎動であると考えます。これは、地域社会において青年組織が求められているということもありますが、今の時代も若者たちは仲間と集うことを求めており、誰かと一緒に自分の地域のために何かしたいという欲求があるということを表しているように思います。また、若者たちは、無意識に仲間と共に一つのまとまった組織として活動することの有効性を理解しているということがうかがえます。長島町青年団の団長の決意表明からも明らかであると思います。

（三）若者・青年組織が抱える課題

「二〇一四年青年組織調査」からは、行政の担当者や地域住民の声として、地域の活性化や集落行事への参加、伝統芸能継承活動、地域の安心・安全など地域防災等の観点からも、これらの青年組織に対して、大きな期待が寄せられていることも明らかになりました。

さらに調査の中では、若者と青年組織が抱えるいくつかの課題も見えています。青年組織の中には、先の長島町のようにメンバーの大半が自治体職員というところもあります。職場の延長のような青年の集まりは、マンネリ化に陥りやすく内向きの活動になりやすいことが課題として挙げられています。

また、合併後も旧市町村で開催されていた行事やイベントがそのまま継承されている事情があり、少ない人数で多くの活動をこなさなければならず、団員の週末は年間を通じて地域のイベントで予定がいっぱいという実情もあります。青年たち独自の新たな発想で企画を考える余裕もないというのも一つの現実です。

「二〇一四年青年組織調査」からは、青年たち自身が自由に、自主的に学ぶ機会を持つことが、非常に難しいという状況も浮かび上がってきました。少数メンバーで、決まった事業や活動に追われる日常は、負担も大きく、楽しさは生まれてきません。その結果、新たな仲間を確保できずに、決まったメンバーが仕方なく活動を続けて、ひいては青年団においても高齢化という現象が見られるようになっています。

「艸舎」は、これらの課題から、現在の青年組織は自らの活動を新たに創造する「学ぶ機会が失われた青年組織」だと認識しています。本来、自分たちの活動を試行錯誤しながら模索していくという青年期特有の経験が十分ではありません。仲間との葛藤やぶつかり合い、それを乗り越えた達成感やお互いの信頼など、新たな挑戦を通して得られる体験を味わう前に、組織として担わなければならないことが大きくのしかかっているのが今の青年組織の現実です。

若者同士の交流や地域のために何ができるかという期待を持って集まったのに、青年期に獲得したい学びのきっかけを得られない青年たちの現実――。県内の青年団が集まる「艸舎」は、今改めて読書活動をはじめ、様々な交流や体験学習を通じ、自らの地域を再発見するための青年たちの学びの機会を提供しています。

三、身近なくらしの中から学びを取り戻す

（一）青年を対象にした読書活動

鹿児島県青年会館「艸舎」の自主事業として、青年を対象にした読書活動をはじめました。これは、若

者が読書会をするというような活動とは、少し異なっています。この活動は、読書という手法を通して、自分たちの足元を改めて見直そうという試みです。

最初は、鹿児島の年中行事や伝承文化などを取り上げた読書活動に挑戦しました。艸舎の駐車場に舞台を造り、「さつまの十五夜・芋名月」というテーマで朗読劇を開催しました。十五夜にちなんだ昔話の朗読や竹の楽器による演奏、さらに芋名月と呼ばれた鹿児島独自のお供え物をお供えし、地域の人にも呼びかけました。翌年からは、「七夕」行事、「ガラッパ」（鹿児島弁でカッパの意）、「田の神《た》さあ《かん》」（南九州に分布する田ノ神）などを題材に取り上げてきました。

読書活動を軸におきながら、テーマを決め、企画を練り、進行を考え、舞台演出のアイデアを出していく――。朗読劇やおはなし会という子どものための読書活動を、青年たちと一緒に組み立てていく取り組みです。

この読書活動は、「地域再発見のための読書活動」として二十年継続してきました。その間、鹿児島ゆかりの作家である椋鳩十や八島太郎などの作品をとりあげ、関係者の講演会やシンポジウム、作品ゆかりの地を実際に訪ねる文学散歩などにも発展しています。

(二) くらしの中にあるものを取り上げる

二〇一七年は、『海辺を食べる図鑑』(3) という本を題材に、「ふるさとの昔話　たべるはなし」というテーマで読書活動を開催しました。大型バス2台で、不知火海に面した出水市の干潟に潮干狩りに出かける読書活動です。往復のバスの中で、著者の向原祥隆氏の話を聞き、干潟では、夢中に潮干狩り、最後は自分

地域の読書グループと一緒にわらべうたに挑戦

潮干狩りの体験（出水市東干拓）

たちで採った貝を食べてみます。このように実際に現地へ足を運び、自分で採って、食べてみるという体験を通し、身体全体で学んでいく読書活動です。体験を通して、身近な環境のこと、食糧問題のことへと思いを巡らすきっかけにもなっていきます。

読書活動に参加した青年たちの中には、「自分の地元のことなのに知らなかった」「子どもの時以来はじめて訪れた」などの声が多く聞かれます。鹿児島で暮らす若い人たちにあらためて、自分の足元のことを知ってほしいというのが私たちの願いです。

これは、読書活動という手法を使いながら、くらしの中にある歴史や自然、文化に目を向け、再発見していく試みです。さらに読書活動のプログラムでは、子どもに本を届ける活動を実践として学びます。県内の指導者にお願いし、紙芝居やわらべうた、絵本の読み聞かせやストーリーテリングの手法などを学びます。グループに分かれて学習し、参加者に発表してもらいます。人前で話すのが苦手だという青年も最後の発表会では、堂々とした絵本の読み聞かせを披露してくれます。

（三）地域の将来の父親・母親のための学びに

「艸舎」の読書活動に取り組む若い人たちは、おおよそ二十〜三十代の世代です。近い将来、父親・母親になる可能性がある存在です。この読書活動に参加した青年たちが、もうすっかり地域の父親、母親になっています。自分の子どもたちに本を読むことはもちろん、学校の親子読書会のメンバーになっている親もいます。子ども会やＰＴＡ、親父の会など、地域の子どもたちの読書活動や文化活動に関わっているメンバーが多くいます。

この「地域再発見のための読書活動」は読書本来の楽しさだけでなく、個々の想像力やイメージ力を培う「学び」にもつながっていくという期待を持っています。さらに子どもの読書活動の実践を積み重ねていくことを通して、自然と子どもと一緒に読書を楽しむ素地が育まれ、地域の歴史や文化について学ぶ環境が整っていくことを願っています。

四、地域文化継承と青年の学び

(一) 伝統芸能継承活動に関わる青年たち

新たに青年組織を立ち上げた中には、伝統芸能継承活動に関わることがきっかけだった青年たちがいます。県本土中央部に位置するさつま町の中津川地区では、一九五五年の大念仏踊り時に奉納された「地割り舞」を復活させるため、二十代後半の青年たちが集められました。五十年前の当時二十代の舞手だった古老と、地域の人たちは、このままでは継承が難しいと考え、約七年の歳月をかけて伝統芸能の復活に取り組みました。

伝統芸能にはじめは消極的だった青年たちが、地区公民館館長や伝承者の古老たちの真剣な取り組みと

55年ぶりに復活した「地割り舞」

夜間の小学校校庭、練習風景
（さつま町中津川地区）

熱意に影響され、たちまちその芸能活動にのめり込んでいきます。翌年の大石神社の春の大祭では、五十五年ぶりの「地割り舞」復活を成し遂げました。

伝統芸能を通じて達成感や自信を得た彼らは、せっかく集まった自分たちがこれからも一緒に地域の中で何かできないかを模索しはじめます。まずは祭りを奉納する神社の清掃や表示板の整備、公民館の網戸張りや中津川小学校の子どもたちのための催し等、少しずつできる範囲の活動を広げていきました。そして「吾友会《ごゆうかい》」という青年組織を立ち上げるに至ります。

(二) 青年組織としての活動の効果

このように、中津川地区の青年たちは、伝統芸能継承活動や祭事へ関わる活動の中で、仲間と語り合いながら、自分たちの地域のくらしの小さな課題を発見します。そして一緒に、解決に向けて知恵を出し合い、取り組む楽しさの経験を積んでいきます。また、課題が解決した時の達成感を共有することで、仲間の大切さを再認識し、ふるさとへの愛着を増していきます。「自分たちのくらす地域がこうあったらいいよね」という思いは、子どもたちに節分やキャンプの体験をさせてあげよう、など自分たちが育った地域の自然や文化を子どもたちに伝える活動へと発展しています。さらに、彼らの活動は、高齢者や地域の様々な人たちのくらしへと視野が広がっています。一つの組織として活動していこうという青年たちの中に芽生えた機運は、地域全体の活力へとつながっていきます。

（三）地域文化の縦と横のつながりの中で

伝統芸能に関わった青年たちが、青年組織を立ち上げて地域の活動に主体的に取り組んだプロセスを見ると、青年期の学びにおける重要なヒントに気付きます。青年期は自己を確立させる時期であると言われます。同世代の仲間との関わりの中で、自己アイデンティティを確立する時期でもあります。

さつま町中津川地区の青年たちを追う中で、もう一つ大切なことに気づかされました。それは、伝統芸能という地域の祭事に関わることが、この時代の地域の中での自らの役割を認識することにつながるということです。さらに、伝統芸能は、地域文化を育んできた先人たちの思いを、身体を通して実感できます。これは、横のつながりと同時に、歴史という時間の流れの中で、自らの位置を認識することになります。

このように歴史という縦のつながり、同時代という横のつながりの中で、自らの位置が時間と空間の中で定まり、自分が今ここに生きる意味を見出すことができるようになります。それは、その地にくらし、仕事をし、家族を持つ年代の青年たちが、今度は仲間と一緒に地域の主体となり、地域の一員としての生き方を伝統芸能の活動を通して体得していく学びのプロセスでもあります。

五、「子ども（若者）基本計画」への提言

（二）椋鳩十が取り組んだ「母と子の二十分間読書運動」から学ぶこと

「艸舎」の読書活動の柱には、もう一つ、椋鳩十（本名・久保田彦穂）が鹿児島県立図書館長時代に取り組んだ「母と子の二十分間読書運動」[4]があります。この運動は一九六〇年に鹿児島県立図書館が主導し、全県的に取り組んだ読書運動です。

読書活動に取り組んだ当初、昭和三十年代に制作された同名の映像フィルムをあらためて上映することから子どもの読書を考えることにしました。久保田館長は、この運動のことを、「おかしい程簡単な」運動であると述べています。呼びかけたのは次のような単純なことでした。

「子どもが　教科書以外の本を　二十分程度小さな声で読むのを　母が　かたわらにいて静かに聞くこれを　できるだけ毎日続けていく」

戦後すぐに県の図書館長に就任した久保田館長が、各家庭にテレビが普及しはじめた時代に、県下を回り試行錯誤した上で到達したアイデアでした。彼はこの運動のことを「子どもの手に母を取り戻す運動」とも言っています。高度経済成長期の最中にあって、多くの労働力が出稼ぎに出る中、男手の少ない鹿児島の農村で農作業や家事に追われる母親に呼びかけたものでした。それは「生活の中の読書」を進める中で大きな原動力となる存在である「母」に焦点が絞られたものでした。

（二）大衆運動としての取り組み

この読書運動は、毎日たったの二十分、子どものかたわらに座り、子どもの声に耳を傾けて欲しいというものでした。この呼びかけに多くの母親が賛同し、その二年後には県下で十万人が取り組む大衆運動に広がりました。

しかも、この運動は母親たちの情緒に訴えただけのものではありません。運動を推進するために、久保田館長は、県立図書館の館長として政治的にも動いていきます。県下で十万人を超える親子が読書に取り組むとなると手持ちの本ではまったく足りません。まずは、県の財政に掛け合い「線香の火で風呂が炊けるか」と児童書購入に大幅な予算を計上していきました。さらに、県立図書館から市町村の公立図書館へ、そこから各地区の公民館へと、まんべんなく地方に一定量の本を送り込むシステムを構築していきます。それでも足りない分は、「心に火をたく献本運動」として青年団や婦人会など地方のあらゆる団体に呼びかけて本を集める仕組みをつくっていきました。

今改めてこの読書活動を見ると、これは単なる子どもと母親をつなぐ読書の取り組みだけではないことがよく分かります。子どもと母親を柱にして、家庭をつなぐ、学校をつなぐ、そして地域をつなぐという大胆な試みであったと考えます。さらにこの活動が大衆運動として広がりを持つことが可能であったのは、次のような要因があると考えられます。まず、久保田館長が本気になって取り組んだこと、「生活の中に本を」という対象が「母親」と明確であったことです。また、活動がシンプルで分かりやすいものであったことで、行政、図書館関係者、公民館等、子どもと母親を取り巻く関係者が一丸となり、その目的を共有できました。

（三）地域で生きる自己の獲得—文化をつなぐということ—

これからの地域づくり、地域の文化をどう継承していくかという課題については、地域にくらす若い人たちの存在が欠かせません。「地域づくりの中心に青年を」という政策が掲げられることにより、はじめてその地域の未来が見えてきます。

地域の伝統芸能継承や「祭り」への関わりは、青年が地域の主体的な存在として育っていくための青年期における重要な「学び」だということを忘れてはなりません。

「祭り」や伝統芸能そのものに、地域の歴史や文化が内包されていることは言うまでもありません。そして、芸能の継承活動を通して古老や地域住民、行政などの支援者と関わり、その復活を支える多くの人々の思いを実感することになります。それは、現在の地域住民のみならず、何世代にもわたりその地域に暮らす人たちの歴史や文化、思いまでも受け継ぐことに青年たち自身が気づくことになります。

文化を次世代につなぐという自らの立場に気づいた時、それは本当の「学び」となるのではないかと思います。また、伝統芸能継承や地域の様々な行事に参加することは、地域の中での自分の役割が与えられることです。これまでの祭りや行事は、青年が中心的な存在となる仕組みがつくられていることを歴史的にも紐解かなければいけません。様々な場面で、もっと青年たちが舞台にあがる場、活躍する場、チャンスが与えられることが必要です。

（四）次世代の担い手へ―実践を通して新しい意味を―

久保田館長が「生活の中の読書」の中心に母親を据えた大衆運動のように、「地域のくらし」の中心には「青年」が位置づけられることが重要です。それは芸能の花形として踊る青年らの躍動する姿からも想起されます。伝統的な文化の継承のみならず、新たな産業や文化創造事業においても青年たちの活躍する場の創出にこれからもっと積極的に取り組みたいものです。地域の祭りや文化活動を文化財や観光向けの資源としてとらえるのではなく、人材を育成するため、地域の人たち自身のための「学びの場」として再構築していく必要があります。

また、学校や図書館において子どもの読書を支援する司書が重要な役割を果たすように、青年たちが学ぶ社会教育の分野でも専門的にサポートできる人材が必要不可欠です。

政治においては、「青年」を中心とした政策が必要です。継続的な財政支援ももちろんですが、経済・産業振興を目的とした支援のみならず、地域で「生きのびる力」をもった青年たちのかたまりへの支援が必要です。地域文化の継承、コミュニティの担い手である青年への支援は、地域の活力を生み、地域のくらし方、産業や文化の新しい価値観も創出するに違いありません。

さらに、「艸舎」の実践や青年団復活の例からも分かるように、地域に生きる主体的な青年を育成するためには、十年、二十年のサイクルで取り組まなければなりません。そして、その取り組みのヒントは地域の年中行事や祭事の中に再発見されるでしょう。祭りや芸能の中に、先人たちが長い年月をかけて積み上げた若者を地域の一員としていく知恵は、凝縮されているはずです。

読書活動を大衆運動として広げていった久保田館長は、この運動を推進していく中で、「実践の中から新しい意味を」という表現も使っています。青年たちが主体となって学ぶ機会は、地域の実情によってさまざまです。これからも、青年たちとともに「学ぶ」実践を重ねていくことが必要です。

そして、青年たちに期待する地域住民や青年会館のような施設が、それぞれの実践を持ち寄り、情報交換をすることも必要です。そして、青年たちが自由にのびのびと活動できる場を確保し、「学ぶ」機会を常に提供できるような体制が保障されていくことが求められています。これからの地域で生きる力を持った青年を育てることは、各地の文化継承、もしくは文化創造活動の中でこそ、取り組まれることが求められています。

〈注〉

1　池水聖子・農中至「鹿児島県の青年組織にみる社会教育の現状—青年教育の学びの実態に関する調査分析—」『鹿児島大学教育学部教育実践研究紀要』第二六巻、二〇一七年、二二三六頁。

2　鹿児島県教育委員会「本県教育の特色を表す各種データ集」二〇一九年七月作成。

3　向原祥隆『海辺を食べる図鑑』南方新社、二〇一五年。

4　椋鳩十著、本村寿年編『村々に読書の灯を　椋鳩十の図書館論』理論社、一九九七年、九〜六七頁。

コラム⑦　地域に根ざして生きる

農村の青年層の県外就職は、全国的には昭和初期から始まります。戦後は、集団就職列車に象徴されるように、都市に出て働きながら定時制高校等に通う生徒も珍しくありませんでした。地元を遠く離れて、働き、学ぶことは、立身出世という言葉では表せない望郷や流浪の思いを若者に募らせたことも想像されます。

愛知県安城市にあった近藤紡績に付設されていた桜井高等家政学校には、鹿児島出身の女工が多く学んでいました[1]。十五歳で親元を離れて労働に従事した彼女たち――。その生活は決して楽なものではありませんでした。当時の地元紙には次のように書かれています。

> 最近女工員の不良化が目立っている。その原因は①家庭から遠くはなれているため寂寞、解放感があり又家族の監視もない。②八時間労働で暇があり過ぎる。③自分の将来に確固たる目標がない。④親元を遠くはなれているため婚期を逸する不安と焦燥がある。
>
> （「民声新聞」一九六四年六月）

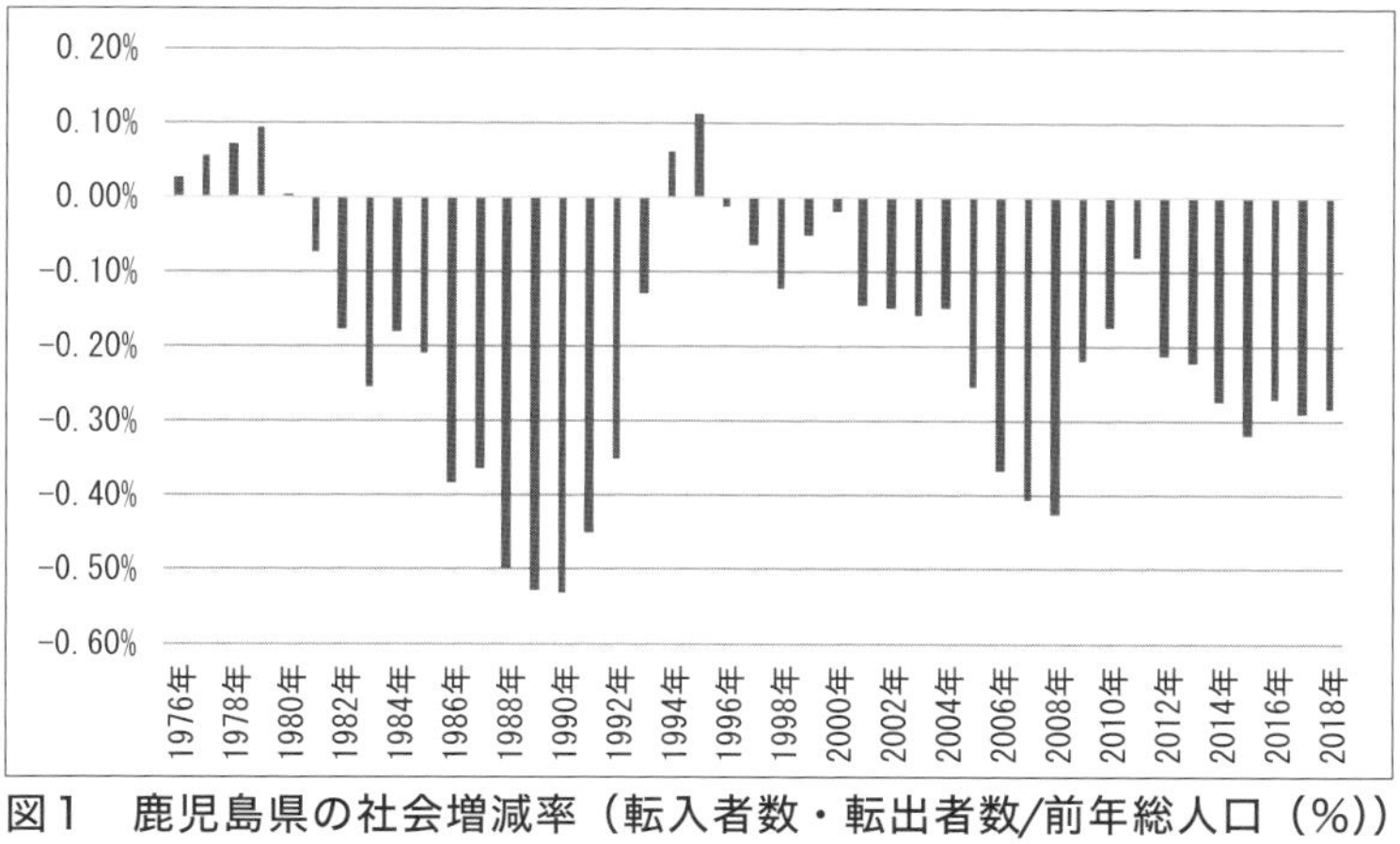

図１　鹿児島県の社会増減率（転入者数・転出者数/前年総人口（%））の推移

このように、中卒者は単身で都市部に赴き、都市に馴染むことも容易ではない生活を送っていたのです。県外に出た若者のうち、どれくらいが帰郷できたのでしょうか。

それから半世紀以上が経ちました。現在では、県外就職の中心は中卒者から高卒・大卒者へと移行していますが、やはり鹿児島では全国でも一、二位を争う割合になっています。しかし、低成長時代の現在では、その動向は景気に大きく左右されるようになっています。図1は、転入者と転出者の差を総人口で除した「社会増減率」の数値です。バブル崩壊やリーマンショック後の数年間は、県外就職が減少していることが分かります。コラム①でも取り上げたように、現代では県外就職が自立の道を拓くとはいえない状況があるのです。

では、県内の人口の動きに目を向けてみましょう。表1は、鹿児島県内の人口の推移をまとめたもので、五年前比で人口増加がみられた地域には網掛けをしました。この表から、この間、鹿児島市とその周辺市（霧島市や姶良市）の人口増加があり、県内での都市集中がみられることと、二〇一五年には都市部でも人口減に転じていることが分かります。

図2には、鹿児島県の地図の上に二〇一九年の人口を記しました。南北に長い県域の中で、鹿児島市に人口の三七％が集中していることが分かります。ちなみに、学校教育では、公立中学校の

表1　鹿児島県内の人口増減の推移

	1985年	1990年	1995年	2000年	2005年	2010年	2015年
鹿児島市郡	576011	583545	595719	602949	605502	606921	600977
いちき串木野市・日置市	90903	89465	88325	87657	85404	81966	78531
指宿市	54781	52292	50529	48750	46822	44396	41831
枕崎市・南さつま市・南九州市	130159	124405	119277	114433	109018	101407	93837
薩摩川内市・薩摩郡	138389	135495	134878	132795	128058	123698	118476
阿久根市・出水市郡	102027	99632	99346	97282	94937	89880	85387
伊佐市	37483	36146	35007	33508	31499	29304	26810
霧島市・姶良市郡	190551	198887	207578	214789	214715	213891	211357
志布志市・曽於市郡	104945	101636	99502	96894	92360	86470	81277
垂水市・鹿屋市・肝属郡	183878	180451	177408	175252	170477	164082	156787
西之表市・熊毛郡	57081	53036	50864	49570	47904	45454	42760
奄美市・大島郡	153062	142834	135791	132315	126483	118773	110147

学校数の二〇%、生徒数の四〇%、教職員数の三〇%が鹿児島市内にあります（二〇一八年度の数値）。

このように、都市集中の構図が県内でも鮮明になっている現在、若い世代が個々の人生像を描くためには、かつての世代が有していた価値を再定義することが避けられないといえます。ただし、人口ピラミッド上で人口流出によりえぐられるようなカーブを描いている二十代だけに期待するのは無謀だといえます（図3）。

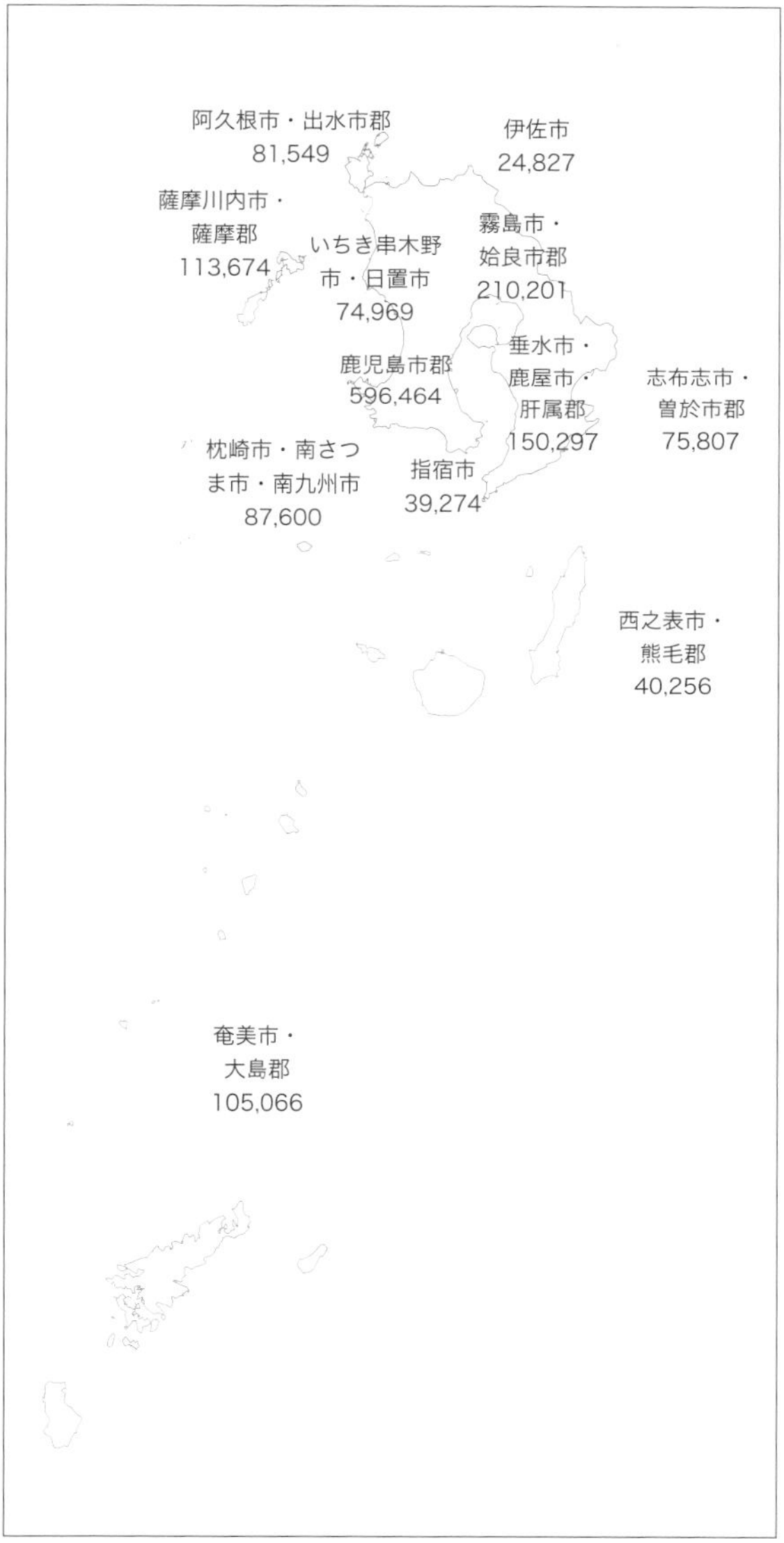

図2　鹿児島県の人口（2019年度）

鹿児島の市民活動は、多かれ少なかれ、都市化・工業化に始まる近代からの転換を図るために、「地域に根ざす」ことの意味を明確にすることが重要になるでしょう。そして、県内で奮闘する人々と、県外からI・Uターンする人々――。就農を夢見て来鹿する人、行政や学校と連携して地域支援や学習支援に取り組むサポーター、自然保護活動に関わるインターン生などと手を携えての活動がこれからの地域に根ざす生活の形を作り出すのではないかと思います。

〈注〉

1 安城市史編纂委員会編（二〇〇八）『新編 安城市史 通史編4 現代』二五五頁。

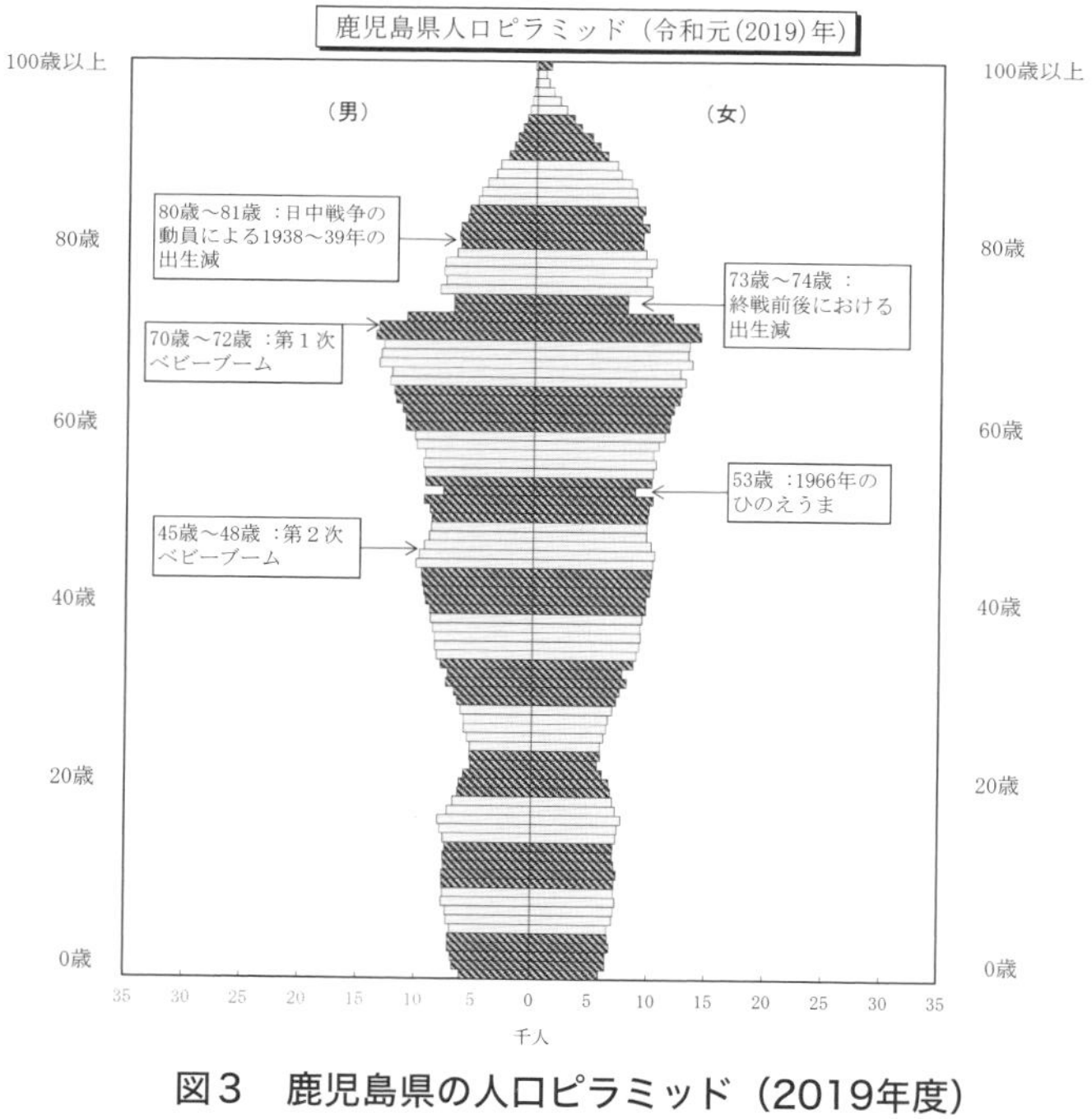

図３　鹿児島県の人口ピラミッド（2019年度）

おわりに

図書出版南方新社・本書編集担当　向原祥隆

以前、異様な光景に出合ったことがあります。夜の十時過ぎ、鹿児島中央駅前の大通り片側三車線の歩道側の車線は停車中の車が数珠つなぎだったのです。どこかの店の大売り出しかとも思いましたが、こんな夜中にそれはありません。意味不明？　とやり過ごしたのですが、そこを通るたびに、いつも数珠つなぎの車でした。後になって、学習塾帰りの子を待つ親たちの群れだと分かりました。

かわいそうな子どもたち。勉強の好きな子なんて、千人に一人もいないに違いありません。それなのに学校が終わって、ふー、と息つく間もなく、今度は塾で勉強。こんな牢獄のような暮らしで、おかしくならない方が変ではないでしょうか。

時代が違うと言われそうですが、私たちが子どものころ、暇さえあれば野山に繰り出すものでした。春になればツバナやツクシ採り。梅雨時には川でウナギ捕り。夏には川でフナを、海岸にはキスが寄るのでキスを釣ります。秋にはツガニを捕ったり、山に椎の実や郁子の実を採ったり。冬にはもっぱらメジロ取り。四季折々、自然は様々な遊びを提供してくれます。道具はほとんど手作りです。学校の勉強よりはるかに頭を使います。生き物の生態を知り、工夫しなければ成果は上がりません。遊ばされるテレビゲームとは大違いです。鹿児島市内でも、今でもちょっと足を延ばせば、そこには自然の遊び場が広がっています。遊ばない手はありません。

勉強ばかりすれば、確かに成績は上がるでしょう。高校、大学は、牢獄を牢獄とも思わない子どもたちで埋め尽くされていきます。高校、大学はそれでもいいかもしれませんが、それを過ぎ、社会に出れば、数学、物理とか世界史とかほとんど無縁の世界です。大半が日本人相手の仕事ですから、英語すらもほとんど関係ない。だとすれば、それまで苦労したことは二十歳過ぎてからの長い人生の中で何の役にも立たないことになります。親もそれは知っているはずです。役に立たないと分かっていることを、皆で一生懸命、大まじめにやる。原発の避難訓練と一緒で、マンガというほかありません。

不登校の子どもの数は鹿児島県内でも増え続け、例えば中学生の不登校はおよそ千五百人にも上っています（162頁）。勉強に追い立てられ、疲れ果てた子どもたち。あるいは、彼らのたまったストレスのはけ口が「いじめ」に向かい、その被害者たちが不登校に追いやられるのでしょうか。いずれにしろ、子どもたちの余裕のなさの結果と見ることが出来ます。

もちろん、塾通いは経済的に富裕な層に限られます。その一方で、所得格差の問題も明らかになっています。子どもの貧困率は、鹿児島県は特に高く二〇％にも達しています（29頁）。二〇一六年のこの調査では全国ワースト3です。かつて、ほとんどの家庭が農業に従事していた頃は、所得が少ないなりに食べ物は自給できていました。しかし、現代の貧困は、明日の食べ物にも事欠かざるをえません。

この同じ空の下で、貧困にあえぐ子どもたちがいる。子どもが困っている状況が放置されていいはずはありません。まさに政治・行政の問題です。大人たち一人ひとりの問題です。

残念ながら、子どもたちを巡る状況は決して豊かであるとは言えません。子どもたちばかりでなく、管理強化による学校教員たちの多忙化と余裕のなさもよく言われます。うつ病を発症し不登校になった教員が激増しているという、笑えない話も聞きます。

子どもは、いつの時代も希望です。だからこそ、子どもの育ちに良くないものがあれば真っ先に取り除き、多様な生き方を認め、心豊かに成長する土台を、大人が作っていかねばなりません。そういう視点に立ったとき、本書で紹介されている学校内外の実践はとても貴重なものだと思います。

■著者プロフィール

鹿児島の子どもハンドブック編集委員会

編集代表　前田晶子（まえだ あきこ、鹿児島大学）
編集委員　池水聖子（いけみず せいこ、一般財団法人鹿児島県青年会館艸舍）
内山仁（うちやま ひとし、鹿児島国際大学）
大平政徳（おおひら まさのり、鹿児島子ども研究センター）
黒川久美（くろかわ ひさみ、社会福祉法人麦の芽福祉会・むぎっこ保育園）
園田愛美（そのだ あいみ、森の玉里子ども食堂）
竹下清一朗（たけした せいいちろう、鹿児島県西之表市立下西小学校）
深瀬好子（ふかせ よしこ、鹿児島県子ども劇場協議会）
米藏雄大（よねくら ゆうだい、一般社団法人folklore forest）

鹿児島の子どもハンドブック
―民間版子ども基本計画―

二〇二一年二月二八日　第一刷発行

編　者　鹿児島の子どもハンドブック編集委員会
編集代表　前田晶子
発行者　向原祥隆
発行所　株式会社 南方新社
〒八九二―〇八七三
鹿児島市下田町二九二―一
電話 〇九九―二四八―五四五五
振替口座 〇二〇七〇―三―二七九二九
URL http://www.nanpou.com/
e-mail info@nanpou.com

印刷・製本　株式会社朝日印刷
定価はカバーに表示しています
乱丁・落丁はお取り替えします
ISBN978-4-86124-450-6 C0037